Career Anchors and Career Survival 2

キャリア・サバイバル

職務と役割の戦略的プラニング

エドガー H. シャイン【著】

金井壽宏【訳】

Career Survival
Strategic Job and Role Planning

東京 白桃書房 神田

Career Survival :
Strategic Job and Role Planning

by

Edgar H. Schein

Copyright © 1995 by Pfeiffer & Company
All Rights Reserved.
Authorized translation from the English language edition published
by Jossey-Bass, Inc., a John Wiley & Sons, Inc. company.

Translation copyright © 2003 by Hakuto-shobo Publishing Company
Japanese translation rights arranged
with John Wiley & Sons International Rights, Inc., New York
as agent and representative of Jossey-Bass, Inc.
through Tuttle—Mori Agency, Inc., Tokyo

はしがき

　この国でさまざまな変化があり，その背後には変化の圧力があり，今までわたしたちが慣れ親しんできたいくつかの慣行が変わりつつあります。キャリアや雇用のあり方も例外ではありません。

　ご縁があって入った会社が気に入っていて，よほど不都合がない限り，ずっと居続けるのが当たり前という状態が変わりつつあります。終身雇用制（ライフロング・コミットメント・システム）とかつてジェームズ・アベグレンが名づけたものは，正確には，定年までの長期雇用ですが，徐々に崩れつつありますし，年功昇進制度や年功賃金制度も揺れています。

　それは，一面ではたいへんにつらいことですし，実際に雇用調整の対象となって，あるいは早期希望退職を受け入れることに決めて，あらためてキャリアを自分で切り拓くことの大切さに気づかされるというケースもあるでしょう。これまで，キャリアをデザインするなどという大それた発想をもたなくても，一生懸命にがんばっていれば，勤勉な国民性と右肩上がりの経済で，大勢のひとが中流意識をもって，それぞれの夢を求めてきました。

　今までなじんでいたものがなくなるのは，一方で，間違いなく喪失感を伴うネガティブな経験です。しかし，他方で，われわれは，これまでは，たった一回限りの自分の人生とほとんどオーバーラップするようなキャリア（長い目で見た仕事生活のあり方）について，どちらかというと，会社にまかせ過ぎだったかもしれません。会社というものがそれだけ頼りになっていたともいえますが，キャリアの針路については，自分を頼りにすることが本来，基本のはずです。だから，このつらい時期は，自分を取り戻すうえでは，プラスの要素もあります。キャリアについて，個人が自律的に考えることが，一方では面倒なことですが，他方では，それはたいへんにまっとうなことで，これまでそういうことをあまり議論してこなかったこと自体，不思議かもしれません。節目でキャリアを振り返り展望し，また，自分が置かれている仕事状況について診断し

て，キャリアをめぐる自分の内なる声と，自分の身の回りにいるひとたちからの外なる声をともにうまくキャッチすることを大切にしたいものです。

　わたしたちは，組織主導でキャリア開発された時代から，個人が今までより自律的に自分のキャリア発達を考えるべき時代に，さしかかっているのかもしれません。

　先進的な会社のなかには，キャリアについて自律的に考え選び取れるひとこそ，組織にとっても頼りになるコア社員だという考えから，キャリア自律を支援するところもでてきています。また，会社のイニシャティブで，キャリア・デザイン研修がおこなわれることも増えてきましたし，わたしもそういう機会にかかわることが増えてきました。

　しかし，それは，どこでもおこなわれているとは限りませんので，キャリアについて考えるツールがもっとこの国にも誕生してほしいとずっと願っていました。早く，日本の実情にぴったりのツールがもっとたくさん開発・利用されるべきですが，ここに，MITのエドガー・H. シャイン教授の手になるキャリア・アンカーという診断ツール，キャリア・サバイバルというツールが，ほぼ同時に白桃書房のおかげで順次出版されるようになったことを訳者としてすごく喜んでいます。わたしにとっては，若いときに留学中に学恩があり，同時にまた助手（TA）を勤めさせていただいたこともある先生なので，日本版がそろって，一般の方に入手できる形で，世に出ることをとても喜んでいます。

　先に刊行したキャリア・アンカーは，会社の研修でなくても，だれかよいパートナー（いっしょに考えてくれるひと，聞き手になってくれるひと）さえいれば，個人としても実施可能ですし，2冊目のこの冊子におけるキャリア・サバイバルのためのネットワーク分析も，会社での研修により適してはいますが，やはり今の仕事状況でちょっと疲弊ぎみだと思ったら，サバイバルするうえで，自己点検ツールとしてひとりでも実施可能です（もちろん，あとからその結果に基づいて，上司や配偶者などと話し合うことをお勧めしますが）。

　出版に際しては，とくに『キャリア・アンカー』の方に関しては，権利的に少しややこしかった状況から粘り強く版権を取得していただき，その後は今日に至るまで，ずっと作業が遅れがちのわたしを，あきれることなく（あるいは，ときにあきれても）支援してくださった白桃書房の照井規夫さんに，心から感謝の気持ちを記させていただきたいです。また，今，この薄い書籍（冊子というべきか）を手にしておられる方々が，そのエクササイズやインタビューを通じて，こんなたいへんな時代だからこそ自分のキャリアをより創造的にまた賢明に展望していただけることを祈って，キャリア・アンカーに続いて，本書，つまりキャリア・サバイバル（職務と役割の戦略的プラニング）の訳書とさら

に続刊としてわたしが書き下ろしたブックレット，の新たな2つの冊子もまもなく出版の運びとなります。最後になりましたが，同じく白桃書房から出ているシャイン先生の『キャリア・ダイナミクス』(二村敏子・三善勝代訳)ともども，自らのキャリアを考える際の座右の書としていただきたいです(同出版社から，プロセス・コンサルテーションや組織文化の研究も含め，シャイン教授の著作が徐々に出揃っていくことも，関係者として楽しみにしています)。

金井　壽宏

日本語版への原著者序文

　キャリアがうまくいくためには，個人の欲求(ニーズ)と組織の要望(ニーズ)が互いに釣り合っていることが必要です。残念ながら，われわれは個人の欲求ばかりを強調しがちですが，組織の要望を分析することはほとんどありません。本書のエクササイズは，分析の対象となった特定の職務における組織の要望がなになのかを真に理解する一助となるように設計されています。ある職務にまつわる利害関係者に注目し，これらの利害関係者の期待が将来どのように変わっていきそうなのか分析することによって，職務がどのように進化していくのかがわかり始めます。これがわかっているということが，ある職務への求人や募集をどのようにおこなうか，与えられた職務に就くべきかどうか，について決定するのに必須の条件なのです。

　労働市場がオープンになっている社会では，ある職務に実際に就く前に，その職務に就くことになりそうなひとりひとりの候補者が，その職務に関する良質な情報を得ていることも必須の条件なのです。本書のエクササイズによって，個人にとっての情報収集がはかどることでしょう。他方で，労働市場が逼迫しているならば，組織は，適材を雇って，そのひとたちが長期的にうまくキャリアを歩めるように人材開発していけるように，職務の分析に秀でていなければなりません。本書のエクササイズによって，組織があらゆる職務――なかでも，仕事の性質に急速な変化の見られる動態的(ダイナミック)な環境にあるすべての職務――に対する分析もはかどることでしょう。

　このエクササイズが今では日本語でも利用可能となったことをとても喜んでいます。また，日本の組織がその有益さに気づいてくれることを希望します。

エドガー・H．シャイン

スローン・フェロー担当経営管理学名誉教授，上級講義担当
MIT スローン経営大学院

まえがき

　大半の管理職や従業員にとって，組織における変化のペースが加速しつつあることに異存はないでしょう。職務そのものの定義がはっきりしなくなったことが大きな変化のひとつです。将来は，階層が減り，ヨコ串を通すプロジェクト型の仕事が増えていくと言われます。その予測が当たっていれば，大半の管理職，専門職，技術職の社員は，気が付くと役割を頻繁に変えていくようになっていることでしょう。

　職務記述書は，(1)安定性を生み出し維持するだけだという理由で，また(2)職務と役割がお互いにどのように連携し合っているのかの記述に十分力点を置いてこなかったという理由で，ますます役立たなくなっていくでしょう。職務記述書の代わりに必要なのは，つぎのふたつのことに役立つ動態的(ダイナミック)な手順です。

——職務に就いているひとが，変化していく役割を見直し，乱気流のような環境変化に適応していけるようにする手順
——経営幹部と管理職が，組織における自分たちの役割がどのように変わっていくのかきちんと把握して，将来その職務に就くひとにその変化をきちんと伝えるのに役立つ手順

　本書で記述されている，職務と役割の戦略的プラニングは，まさにこのような動態的な手順を提示しています。本書で読者がふれるエクササイズや概念的な素材は，『キャリア・ダイナミクス』（E．H．シャイン著，二村敏子・三善勝代訳，白桃書房刊，1991年，原著1978年）で最初に公刊された研究にもとづいています。この本の出版以来，多様な組織での集中的な研修会を通じて，手法としてはさらに手が加えられ，その効果が何度も検証されてきました。

職務と役割のプラニングを必要とするのはどのようなひとか

　キャリア上の目標が，市場の動きや長期的な個人プランとうまく符合しているかどうかを確かめるために，だれもが自分の職務を定期的にチェックすべきです。しかし，従業員の中でも以下にあげるようなカテゴリーの人びとは，職務と役割のプラニングをいち早く優先しておこなう必要があります。
— 変革期をくぐっている組織にいる技術職，専門職，管理職の従業員および経営幹部
— 部下を登用するための計画を立て，キャリアの相談にのってあげている管理職
— 職務上の責任が把握できずに混乱している従業員や，新たな配属の近い従業員

　読者のあなたが管理職前の従業員の場合，職務と役割のプラニングは，つぎのような点で役立つはずです。
— あなたの職務が根を張っている人的ネットワークを理解する
— あなたの職務の要件と中心的な「利害関係者」（訳注：stakeholder の訳ですが，自分がやっていることに関心，要望，意見・助言等をもつすべてのひとをさします。「利害」と聞くと，対立や損得勘定を連想してしまいますが，面倒をよく見てくれる上司や自分のことを気遣ってくれる配偶者なども，当人の仕事のあり方に意見がある限り，利害関係者に含まれます。以下，なんどもよく出てくるキーワードですが，ひょっとしたら「関係者」ぐらいの気持ちで読んでもらった方がいいかもしれません）をはっきりさせる
— あなたの組織とその動態（ダイナミクス）についての理解を深める
— あなたの組織の変革過程がもたらす影響を分析する

　あなたが管理職の場合，職務と役割のプラニングは，つぎのような点で役立つはずです。
— あなたの職務が部下たちにどのような影響を与えるのか，また，部下たちはあなたにどのような期待をもっているか，について理解する
— 部下たちにとって動態的（ダイナミック）な職務の構成要素を明らかにして，職務の将来に対して備えに憂いがないように部下たちに説明する
— あなた自身の仕事やあなたの部下たちの仕事を，組織の使命や戦略と関連づける
— より効果的な組織資源・人的資源のプラニングをおこなう

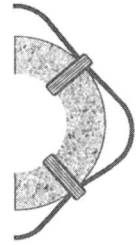

序

職務と役割のプラニングがどのように役立つのか

　職務と役割のプラニングのエクササイズによって，つぎの点を理解する手助けとなるような一連のステップを踏んでいくことになります。
　── あなたに対する他の人びとの期待とあなたの職務との関連
　── あなたの職務における中心的な利害関係者
　── 中心的な利害関係者があなたに対してもつ期待
　── 仕事環境における予想される変化
　── これらすべてのことがあなたの職務に対してもつ意味あい

読者の方々へのお願い

　本書で記述されている手順は，つぎのふたつの方法で活用できます。自分ひとりで自分自身の仕事と役割についてステップを全部踏んでいきながら分析することもできますし，数名の人びとといっしょに，このステップを踏んでいくこともできます。後者の方が望ましくはあります。その理由は，最大限の洞察を得るのに十分な情報は，グループという場でよりうまく引き出せることが多いからです。

　このプラニングのエクササイズの所要時間は，2時間を超すことはありません。ただし，見えかけてきた課題をさらに深掘りするつもりになれば，もっと長時間かかることもあります。

　あなたに必要なものは，本書と筆記用具だけです。グループワークで実施する場合には，模造紙（フリップチャート）を書く台と，書いた模造紙を壁に貼り付ける場所があれば，言うことはありません。

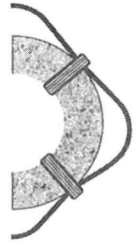

目　次

はしがき	i
日本語版への原著者序文	v
まえがき	vii
職務と役割のプラニングを必要とするのはどのようなひとか	viii
序	ix
職務と役割のプラニングがどのように役立つのか	ix
読者の方々へのお願い	ix

第1章
職務と役割の戦略的プラニング ――― 1

なぜこれがそんなに大切なのか	1
オープン・システム・プラニングを職務と役割に適用する	3
いくつかの具体例	5
職務と役割のプラニングの成果としての職務記述書	10
結論	11

第2章
職務と役割の分析とプラニング ――― 13

ステップ1	現在の職務と役割を棚卸しする	13
ステップ2	環境の変化を識別する	14
ステップ3	環境の変化が利害関係者の期待に与える影響を評価する	14

ステップ4　職務と役割に対する影響を確認する　　　　　　　14
　　ステップ5　職務要件を見直す　　　　　　　　　　　　　　14
　　ステップ6　職務と役割の戦略的プラニング・エクササイズの
　　　　　　　輪を広げる　　　　　　　　　　　　　　　　　15

第3章
ステップ1：現在の職務と役割を棚卸しする ―― 17

　▼▼▼職務の基本的次元　　　　　　　　　　　　　　　　17
　▼▼▼職務と役割のプロフィール　　　　　　　　　　　　19
　▼▼▼現在の役割ネットワークと中心的な利害関係者　　　20
　▼▼▼役割ネットワーク　　　　　　　　　　　　　　　　22
　▼▼▼とても大事な利害関係者と彼らの期待　　　　　　　23

　曖昧性，過剰負荷，葛藤の分析　　　　　　　　　　　　　26
　　役割曖昧性　　　　　　　　　　　　　　　　　　　　　26
　　役割過剰負荷　　　　　　　　　　　　　　　　　　　　27
　　役割葛藤　　　　　　　　　　　　　　　　　　　　　　28

第4章
ステップ2：環境の変化を識別する ―― 31

　環境の4つの次元　　　　　　　　　　　　　　　　　　　31
　▼▼▼将来の環境変化の趨勢　　　　　　　　　　　　　　33

第5章
ステップ3：環境の変化が利害関係者の期待に与える影響を評価する ―― 35

　▼▼▼利害関係者の期待の変化　　　　　　　　　　　　　35

▼▼▼印の付いているところは，エクササイズ。

第6章
ステップ4：職務と役割に対する影響を確認する ―― 39
- ▼▼▼環境の変化が職務と役割に対してもたらす全般的な影響　39
- ▼▼▼職務と役割の次元に対する影響　41
- ▼▼▼職務と役割のプロフィール（改訂後）　42

第7章
ステップ5：職務要件を見直す ―― 43
- ▼▼▼職務特性のプロフィール　43
- ▼▼▼自己啓発上の含意　47
- ▼▼▼自己啓発プランの要約　51

第8章
ステップ6：職務と役割の戦略的プラニング・エクササイズの輪を広げる ―― 53

- 職務と役割のプラニングが将来に対してとても大事になるのはなぜか　53
- 組織は「ダウンサイジング」「ライトサイジング（適正規模への縮小化）」を通じてリストラ中　54
- グローバリゼーション，新技術，ライトサイジングによって，組織間の境界，職務間の境界，役割間の境界がゆるんでいく　55
- 仕事が専門的に複雑になってくるので，サービスとスタッフの役割の社員がもっと増えるだろう　56
- 概念を操る仕事が増え，職務間の境界と役割間の境界がゆるんでいくので，不安のレベルが高まるだろう　57
- 組織は，階層的な構造をフラット化し，従業員をエンパワーする　58
- 組織は，より高度に分化され，より複雑になりつつある　60
- 組織の下位単位は，独立性を増しつつある　62
- 組織風土は，より共創的で協力的になりつつある　64

▼▼▼印の付いているところは，エクササイズ。

組織ではヨコ向きのコミュニケーション経路が大事になりつつある　66
　　　家族，自己，および仕事に関する社会文化的価値観が変化しつつある　67
　　　将来　72

第9章 結論と含意　75

文献　77

訳者あとがき　79

第1章

職務と役割の戦略的プラニング

なぜこれがそんなに大切なのか

　職務と役割の戦略的プラニングは，職務分析，人事計画，および職務設計における旧来の方法の欠点を克服するために編み出された新たな技法です。この技法にはふたつの前提があります。ひとつは，仕事の性質が急速に変化しつつあることです。もうひとつは，仕事が一連の複雑な人間関係の中に根を張っていることです。このような人間関係を，職務にまつわる「役割ネットワーク」と呼びますが，それをきちんと考慮に入れなければ，職務設計も職務記述もうまくいきません。この役割ネットワークには，中心的な利害関係者がいて，彼らの期待によって，職務の本質が決まっていきます。利害関係者を見つけ出し，彼らなりの具体的な期待を知り，環境の変化を分析しながらこのような期待がどのように変化しそうか見通していくことは，仕事の設計と人事計画の双方において，とても大切な要素になってきました。

　大半の人事計画は，手順の上で職務と役割のプラニングをとばして，いきなり「われわれにはどのような種類の人びとが必要なのでしょうか」，「われわれの計画に見合ったひとは何人いるのでしょうか」というような問いを立ててしまいます。このようなやり方に潜む危険な前提は，なすべき仕事はだいたい今のままでいいという考えです。かき集めることができる人びとの潜在能力と実績だけに注目すればよいという考えが前提になっています。

しかし，登用計画の実例にわたしも何度となくかかわってきましたが，そこから判明したのですが，実際に鍵を握っているのは，つぎのような問いです。

1. その職務そのものは，これからの2，3年の間に変化していくのでしょうか。
2. その職務の中身や職務にまつわる役割ネットワークは，どのように変化していくのでしょうか。
3. 新しい種類の仕事をしていく上で新たに必要な動機，技能，態度は，どのようなものでしょうか。
4. この職務に登用するのにふさわしいひとは，中途採用にせよ内部昇進にせよ，いったいどのような種類のひとなのでしょうか。その人物像という観点から，これらの変化の意味合いをどのようにとらえればいいのでしょうか。
5. この職務に就くひとのために構築されるべき訓練や研修はどのような種類のものになるのでしょうか。訓練・研修の今後の姿という観点から見て，これらの変化の意味合いをどのようにとらえればいいのでしょうか。

　これらの問いに，組織の側も，個人の側も，答えていく必要があります。組織には，人事計画を実施するために，答えにあたる情報が必要ですし，個人には，自分なりに優先順位をきちんと定めるために，そのような情報が必要です。個人の側の情報がもっと重要になってきます。その理由は，職務間の境界と役割間の境界が流動的になってきているからです。また，組織が個人に対して自分自身の職務の構成要素を設計し枠組みを作り上げる自律性の余地を，ますます認めるようになっているからです。

　本書の中で読者にしていただくエクササイズと読みものは，職務そのものの内容と職務に根を張っている人間関係のネットワークの両方に焦点を合わせています。流動的に変化する環境に適応するため組織の戦略と計画が塗り替えられるにつれて，職務の内容もネットワークも変化していくのが常です。だからこそ，このエクササイズは「職務と役割の戦略的プラニング」と名づけられているのです＊。

＊「キャリア・サバイバル」と名づけられているのは，個人が自分のキャリアの拠り所（アンカー）に気づいて，内なる声に従って生きていくことをめざしても，今の職務のなかでの役割を変化の動態の中に把握できていないと，サバイバルできないからです。キャリア・アンカーと姉妹編であることを示すため，このエクササイズはキャリア・サバイバルとも呼ばれていますが，職務と役割のプラニングそのものはキャリアそれ自体を扱っているわ

管理職も従業員も皆，自分自身の職務について，職務分析と役割分析を年に一度定期的におこなうべきですし，組織の中で人間関係でつながっている部下，鍵となる同僚，および上司に対する分析を，いっしょに参画型でおこなうべきでしょう。組織の戦略的目標は，その目標が具体的な目的に形を変えていかない限り，達成されることはありません。これらの目的は，職務に実際に就いているひとに明瞭に理解されるまでは，けっして実現されません。これを理解するには，個人の自己洞察ばかりでなく，管理職，同僚および部下の期待が明瞭に伝達されなければなりません。特定の職務に対してオープン・システム・プラニング**を適用することを通じて，共同で職務と役割のプラニングをおこなえば，このような理解や洞察にたどりつきます。

オープン・システム・プラニングを職務と役割に適用する

　大半の組織は，戦略の選択肢を把握して具体的な計画を練り上げるために，なんらかのオープン・システム・プラニングが——その形態はいろいろですが——必要になることに気づいています。同種のプラニングを，組織におけるあらゆる主要職務と役割に対しておこなうことができます。その際，どのような戦略的方向づけを経営トップが新たにおこない，職務が遂行される状況下でどのような変化が起こるのかを考慮に入れることになります。そのようにして職務と役割のプラニングをするのは，論理的にも納得のいくことです。

　職務と役割を体系的に分析し立案し，その結果を明瞭に伝達してはじめて，管理職は，組織のニーズを充たし，その基本的使命を果たすことができます。さらに，職務と役割のプラニングから生み出された情報は，人事がつぎのことをおこなうのに役立ち，必要とされるでしょう。

けではありません。数年から10年ぐらいを念頭においた職務と役割の動態の分析がエクササイズの焦点だからです。何十年にまで及ぶキャリアの動態の中に不動の基軸や拠り所をみつけるためには，「キャリア・アンカー」のエクササイズを併用する必要があります。(訳注)
＊＊　オープン・システム・プラニングは，組織開発の文脈でリチャード・ベッカードなどによって組織レベルで考案された手法で，戦略の策定にも応用されますが，本書では以下に見るとおり，それを職務と役割のプラニングに応用しています。通常つぎのような6段階のステップを踏みます。(1)組織でだれがだれにどのような要請をしているのかをチェックする。(2)その要請に対して各自がどのような対応をしているかを調べる。(3)もし変化や介入がなかったら，将来，たとえば2年後，どうなるかを展望する。(4)同じ時間幅，たとえば2年後，あなたが望ましいと思う理想の状態を描く。(5)将来理想の状態が起こるには，どのような行動をとるべきか決める。(6)それらの変化・介入をおこなうことの費用便益分析をおこなう。(訳注)

——人員配置，登用，従業員研修・管理職研修などの計画
——業績評価や潜在能力の判断に使用すべき主要な次元の決定
——人的資源の棚卸し
——報酬制度，コントロール・システムの適切な設計

　オープン・システム・プラニングを職務と役割に応用する際の勘所は，以下のとおりです。

1．組織における特定の職務や役割を取り巻く役割ネットワークや主要な利害関係者を確定します。
2．それぞれの利害関係者が抱く現時点の期待，要請，および制約を分析します。
3．（1年から5年ぐらいにかけての）近未来に起こりそうな環境の変化を展望します。
4．これらの環境変化がそれぞれの利害関係者にもたらす主要な影響について分析し，役割ネットワークそのものも変化していきそうかを見極めます。
5．これらの変化が，職務と役割との関連において利害関係者の抱く期待，要請，および制約にどのような影響を与えるかについて分析します。
6．職務と役割に就いているひとたちが，その職務と役割をうまく果たしていくために，彼らがもつべき資格や経験という観点から，これらの変化にどのような意味あいを読みとるべきか見極めます。

　この種の分析は，従来の職務評価法とは，際立って異なっています。個人に職務要件のリストを作成してもらった上で，技能，やりたい活動，関心領域等々について自己分析をお願いするというのが従来の職務評価法です。職務と役割のプラニングでは，各職務をそれぞれにふさわしい組織的な状況に位置づけていますし，さらに以下のような前提にもとづいています。

——対象となっている職務にまつわる主要な利害関係者は，変わっていくでしょう。
——その利害関係者の期待もまた，環境の変化に応じて，変わっていくでしょう。

　職務や役割について理解するのに最も重要なことは，それらにかかわる将来の期待がどのように変化していくかということです。この点が理解されてはじ

めて，あなたは，自分の技能や選好が特定の職務とうまく合っているのかどうか，分析できるようになるのです。われわれは，今日，自分にぴったりだという職務を往々にして引き受けがちですが，将来，その職務が，われわれにはとても達成できそうもないことを要請するかもしれないなどとは，引き受けるときには，思いもよらないものです。

いくつかの具体例

工場管理のあり方の変化

　わたしがこれまで観察してきたなかで，職務と役割の分析とプラニングがもっとも明瞭に必要とされていた例は，化学産業です。この産業では，工場長の職務が見るかたもなく大きく変革を遂げるようなことが，状況によってはありました。わたしは，米国とヨーロッパの両方で，工場長の集合研修で職務と役割のプラニングをチームごとにおこなってきました。工場長の職務はなにがなんでも専門的なものであるという前提を持ってしまいがちです。また，変化の主要な趨勢として製造工程は技術的にますます複雑になるという前提も見受けられました。そのため，将来の工場長候補は，増大する複雑性に対処できるほど専門能力に長けていなければならず，そのことに気を付けることが課題だと認識されていました。

　受講者には，工場長に対して期待を抱くあらゆる利害関係者がだれなのか確定してもらって，そのつぎには，その利害関係者たちの期待が将来どのように変わりそうかを分析してもらいました。そうすると，一味違った工場長の姿が現れてきました。まず第1に，分析の結果わかったことですが，たいていの工場で工場長の職務における専門技術的な側面が肥大してしまったので，専任の技術スタッフを配置する必要が生じていました。工場長といえども，もはや技術面で頂点に立つことはできず，主としてその専任スタッフが重要な専門的決定を下していました。

　利害関係者の分析から判明したのですが，労働組合，地域社会，関連の政府機関の態度に強力な変化が起こりつつあります。生産工程が技術的にすぐれたものであるかどうかは，とりわけ安全，仕事生活の質，および環境に影響を与えることは無視できません。しかし，それ以外の面では，組合，地域，政府のひとたちには，あまり関連のないことでした。個々の利害関係者との関係において，工場長は，複雑な政治的環境の中で，交渉面にもっと多くの時間を割いていることに気づきました。ある会社では，交渉能力に長けていて工場外の多様な外部団体との接点にうまく働きかけることができる工場長が将来必要にな

ることに気づきました。工場内の人間関係や技術的問題については，工場長の専任スタッフや部下たちに任せることが，どんどん多くなってきました。

　長年にわたって工場長の職務はずっと変化を遂げてきました。しかし，その職務がきちんと観察や分析の対象となることはありませんでした。だから，工場長の人事計画や人材開発過程で，交渉上手なひとの発掘も育成も，ほとんどなされませんでした。うまくいかない原因がそこにあるとはたと気づくのは，個々の工場長たちでした。でも，正式な職務記述書に交渉力などは記載されていませんので，工場長たちがそれを自覚して仕事する心づもりはありませんでした。その結果，この会社は，生産管理の分野において，業績と潜在能力に対する評価システムを一新しました。また，工場長の職務が将来どうなるのかについてビジョンを描き，それを実現するような新たな研修プログラムも開始しました。

　受講者として本書のエクササイズをした工場長たちは，今自分たちが日ごろの経験で感じていることが妥当なものだとわかって安堵しました。その経験が意味していたのは，仕事のやり方がまずいとか，間違った方向に労力を注いでしまっているとか，そんな単純な問題ではなかったのです。そうではなくて，工場外との接点をうまく管理することが重要になっていくと工場長たちははっきりと気づきました。さらに重要なことですが，技術面と比べるとより「ソフト」で政治的な技能に関して，訓練や助言を求めてもかまわないのだと今では彼らも気づくようになりました。

職務や役割の見直しが自然と起こる場合

　総務担当の副社長が退社したばかりの，別の会社を例示に用いて，職務と役割を分析することの意味を描くことにしましょう。わたしは，その会社でキャリア開発に関する全日の集中的研修を引き受けていました。昼食時に，社長と彼の取巻きたちは，「このままいらっしゃっていただいてもけっこうですが，わたしどもの方は，空席の経営幹部の後継者にだれを登用すべきか決定しなければなりません。失礼ですが，この点につきましてご容赦のほどを」とわたしに言いました。

　ジョーという候補が浮上してきていることが，わかってきました。しかし，ジョーを後継者に指名するには，若干の留保があるようでした。わたしは，1時間半ばかり話を聞かせていただいたのですが，その間，彼らは，人柄という観点やこれまでの職歴という観点から，ジョーの長所と短所にふれていました。彼をその職務に就かせることのプラス面とマイナス面をいろいろ挙げて，議論を尽くそうとしていました。「すばらしい管理者だよ」，「でも，社外との関係

づくりはうまくないね」，「ひとを扱うのはとてもうまいよ」，「会社の専門分野についてもよく知っているしね」等々。全般的には好人物で申し分ないようでしたが，議論の輪の中では，どうしてもジョーが職務にぴったりだという意見の一致は見ませんでした。

この時点で，わたしは，人物でなく職務そのものに興味を覚え，くったくのない質問をしました。「総務担当の副社長って，いったいなにをなさっていたのですか」，「その職務にまつわる主な利害関係者には，どなたがいましたか」，「経営幹部の皆さん方は，この職務では将来どんなことが必要とされるようになるとお考えですか」。議論に集まっていたひとたちは，この質問に対して，総務の仕事の中身として，人事，法務，資材，情報システム，PR（訳注：パブリック・リレーションズの略称のPRですが，わが国でこの用語を使うときのように顧客へのPRに限定されません。社外の利害関係者との広範な関係づくりにかかわることすべてを指します）などをリストし始めました。このリストの最後の項目，つまりPRにさしかかったときに，あるひとがつぎのように口をはさみました。「あのですね，ずっとこのことについて考えていたんですが，ジョーは，PRを除けばすべての領域で上出来です。ただ社外のひとたちに対してだけいまひとつなんですよ。将来のことを見通すと，社外のひとたちとの関係というのが，はるかにもっと重要になってきそうですね。」と。

このコメントは，即座に皆から同意されました。そして一同のひとりが，すばらしい洞察にたどり着きました。そのひとは，果たしてPRを総務担当副社長の職務の中に含める必要があるのかという疑問を提示しました。ほんの2，3分ほど考えただけで，集まっていたひとたちは，つぎのいくつかの点で合意しました。PRは総務の一部である必要はないこと。実際のところ，総務の中の他の分野も急速に伸びているので，この職務にはやることがたっぷりあること。PRに専従するひとが見つかるまでは，総務の中にあったPRを他の上級副社長のところに容易に移せること。ひとたび，職務そのものの見直しがなされると，ジョーがその職に適しているとすぐに皆の意見が一致しました。また，ついでながら，PRが将来フルタイムで専任のひとを要するほど重要性を増しつつあることにも，彼らは気づきました。

この例から，管理制度を改変するような権力をもっている経営幹部のひとたちにとっても，職務と役割についての分析とプラニングが重要だとわかります。われわれは，現行の職務のままでいいと思いがちです。また，組織の大きな再編があったときにしか，個々の職務の再検討はないんだとも，思い込みがちです。しかし，この一団が成し遂げたような種類の管理機構の改変は，環境が

ますます動態的になり，利害関係者の期待が変化するにつれて，もっとよく見られるようになっていくでしょう。

人事管理の複雑さに気づく

　人事部の多数の管理職が，自分たちの職務のやり方がどうもはっきりしないという不満を持っています。自分たちはプロの専門家なのか，カウンセラーなのか，経営トップによる方針の実施を助ける権力のしもべなのか，ライン管理職が人間がらみの問題にうまく対処する手助けをする支援者なのか，雇用均等法の推進措置に違反したかどで管理層のひとたちが訴えられることがないようにする法律面の助言者なのか。ほかにはどのような役割があるのか，よくわからないというのです。

　人事部の管理職の一団と，職務と役割に対する分析とプラニングをおこなった結果として，ふたつの点が明らかになりました。ひとつは，人事部には基本的には４つのタイプの利害関係者がいるという点です。もうひとつは，これらの利害関係者の側からの期待が変化しているために人事の職務が複雑になっているという点です。

　利害関係者の第１のタイプとして，経営トップは，つぎのふたつの面で，人事部への期待をますます高めています。まず，経営戦略にかかわる議論にもっとくびを突っ込んで，人的資源の要件と課題を予測する手助けをすることが人事部に期待されています。また，同時に，報酬，福利厚生，業績評価，訓練などの人事制度のすべてをもっと能率よく運営することも期待されています。

　第２の利害関係者としてのライン管理職は，「人間がらみの問題」を人事部の管理職が彼らの代わりに解決してくれて，人事部の親身な支援によって業務がやりやすくなることを期待しています。ライン管理職の中には，人事部の管理職に助言者の役割を期待するものもいれば，人事部の管理職に対して，採用，解雇，評価，カウンセリング，訓練，キャリア・プラニング等々に実際に手を染めてほしいと期待するものもいます。人事部の管理職といえば，組織開発のプロとしても有能で，会議の運営促進がうまく，チームづくりのための研修プログラムを設計してくれたりします。ライン管理職の多くは，他にもいろんな方法で，人事部のおかげで組織の有効性が増すように彼らにはがんばってほしいと期待しています。将来を展望してみますと，「ラインにサービスを提供する」だけの人事の機能は低下し，「組織開発」に対する人事の機能は増大しつつあります。その理由は，前者については，人事管理におけるラインの自分たちの役割が大きくなりつつあるとライン管理職が見ているためです。後者の理由は，共創的（コラボレーティブ）な関係，チームづくり，組織学習***など

の必要性が高まっているともライン管理職が見ているためです。

　第3の利害関係者として，その役割がますます重要になりつつあるのは，人事管理の専門職団体です。人事部にいる個々の管理職が「専門職ならではの」業務を遂行し，報酬，従業員の研修，カウンセリング等々といった人事管理の中心となる職能分野で，専門家としてりっぱにやっていけるように期待するのがこのような団体です。

　利害関係者の第4のタイプは，従業員からなります。人事部のひとには，従業員としての権利や特権を代弁する声となってほしい。また，権利や特権のオンバズマン（訳注：権利がきちんと理解され，うまく保護されているかどうかチェックするひと）でもあり，また，権利や特権の擁護者になってもらいたいと期待しています。従業員の人間関係施策に苦情処理があります。苦情はどれも，経営トップと従業員の間で期待が対立しうる姿を映し出しています。経営トップは，ストやその他の不都合なしに問題解決がなされるように望みますが，従業員は，自分たちの仕事生活の質を守り，それを改善することを望んでいます。

　人事部の管理職の集まりで，これら4つのタイプの期待が彼らにどのような影響を与えているのか検討してみたことがあります。人事の職務の曖昧性，よく感じる「役割の過剰負荷」，この職務に付きものの役割葛藤（訳注：職務や役割にまつわる曖昧性，過剰負荷，葛藤については，第3章で詳しく述べられます）の存在が明らかになってきました。さらに重要なことなのですが，環境がどのように利害関係者に影響を与えているのかを分析していくにつれて，人事部に将来なにが要請されるようになるかに関して，洞察を深めることができました。たとえば，会社のグローバリゼーションが進むにつれて，海外赴任の管理，文化の多様性にまつわる管理について人事がもっと頼りになるように，経営トップは期待します。多文化環境で仕事をすればほかにも課題が出てくるでしょうが，それをうまく管理できるような専門知識を人事がもっと十分にもってほしいとトップは期待します。世界中で倫理や価値にかかわる課題意識が高まるにつれて，従業員は，仕事の場でこれまで以上の自律性と柔軟性を望んでいます。ラインの管理職務の間で境界線が流動的になりつつあります。また，複雑なマトリクス組織（訳注：部門化に際して，ふたつ以上の軸——たとえば，製品別，地域別，専門機能別という複数の軸——に沿って，格子状に組織機構を設計する場合を，マトリクス組織と呼び，部下はふたり以上の上司に仕えることになります）やメンバーの入れ替わ

＊＊＊　組織のなかで個人レベルで既存のやり方を順次学習していくばかりでなく，相互に諸個人がつながりあって学習の仕方そのものを学習するような「二重ループの学習」を組織レベルでおこなうようなメカニズムのことを含めて組織学習と言い，主としてハーバードのクリス・アージリスとMITの故ドナルド・ショーンによって主張された考え方。（訳注）

るプロジェクト管理に見られるような他の調整メカニズムが階層状の関係に代わって用いられるようになりつつあります。このような変化のせいで，ライン管理職は，どのような支援を人事部にしてほしいのかよくわからないながらも，人事部をもっと頼りにしたいと思っています。組織における不安のレベルが劇的に増大していますので，人事部の管理職は，個人的なカウンセラーとしてもっと役に立っているようにならなければなりません。

　だから，職務と役割の戦略的プラニングによって明らかになるのは，職務がどのように変わるか，ということだけではありません。なぜ職務に対して今感じているような感触をもつようになるのか，なぜ過剰な負荷や葛藤をときに感じたりするのか，ということも明らかになります。このエクササイズで得られた洞察は，あなたが感情をうまく扱い，自分の技能や選好とうまく合った仕事の場を交渉で手に入れるのに役立ちます（本書の第3章では，この課題を扱ういくつかの方法を取り上げます）。

職務と役割のプラニングの成果としての職務記述書

　この節では，職務をよく理解するためのツールとして，職務と役割の分析を活用することに議論の焦点を合わせてきました。全般的な戦略を作成する過程の1段階として，経営トップの幹部たちが集まって，自分たちの役割を分析してみたという実例があります。この例から，ツールとしての重要性がうかがえます。自分たちの利害関係者はだれか，起こりうる環境の変化はなにか，その利害関係者たちの期待の変化はどのようなものか，これらの変化は経営トップの職務にどのような影響を与えるか，この職務に将来就くすべてのひとに特に不可欠な要件はなにか。これらの問いについて経営トップの幹部たちは注意深く検討しました。すべての検討結果は，グループ討議の成果として5枚の模造紙にまとめられました。

　2時間ほどかかりました。作業が終わりかけたときに，集まっていたメンバーのひとりは，つぎのように発言しました。「経営トップの職務への昇進内示を受け取ったときに，この5枚の模造紙に書いてあるようなことが聞けたら言うことなかったですね。いったいこの職務でなにをするのか考える上で，模造紙にまとめた記述の方が，無味乾燥で時代遅れで静態的な職務記述書なんかより，はるかに役立ちます。エクササイズで身につけたような考え方ができれば，そのおかげで経営トップの職務に就いてすぐにもっとばりばり仕事をできはじめていたことでしょう。」と。職務に就いているどれほど多数のひとたちが，これと同じような発言をすることでしょうか。

結論

　組織内のどのような職務に対しても，年に1回ぐらいは，その職務にいったいなにが起こりつつあるのかを検討し，将来の変化の方向を見通すことが必要です。この作業をきちんとおこなってはじめて人事計画を練る基礎ができあがります。また，戦略上の目標を実現するのに組織になにが必要かはっきりと決める基礎もできあがります。また，これをおこなってはじめて，職務に就くひとにとって，将来を見通しつつ仕事上の優先順位をどうすべきか，正確に把握しやすくなります。

　本書の残りの部分では，読者のあなたといっしょに職務と役割に対する分析とプラニングをおこなっていきます。まず最初に，これからやってもらう基本的なステップを概観します。つぎに，それぞれのステップのお供として，分析に役立つ概念的な素材もいくつか提供していきます。実際に分析に手を染めていくまえに，まずこれらの材料に目を通しておくことをお奨めします。

第2章

職務と役割の分析とプラニング

　職務と役割に関する分析とプラニングの手順を，各ステップごとに以下あらかじめ要約しておきます。第3章以降の各章で使用される概念や用語を，ここで先に紹介しておきます。

ステップ1　現在の職務と役割を棚卸しする

　ここでの分析によって，自分にとっての利害関係者からなる役割ネットワーク内の人物を漏れなくあげて，自分の職務の中心的次元を見つけるようにしましょう。役割ネットワークには，分析対象の職務に就いているひとに対して，なんらかの期待を抱くすべての人びとが含まれます。その職務に就いているひとが期待どおりの成果をあげられなかった場合に大きな影響を被るメンバーが役割ネットワークの中にいることでしょう。そういうひとたちが，中心的な利害関係者です。この分析はひとりでもできますが，2，3人の職場同僚，同輩，部下，あるいは上司など，分析対象となる職務の役割ネットワークに属しているひとたちと共同作業で分析するのが望ましいです。この分析を進める手順は，第3章で述べられています。

ステップ2　環境の変化を識別する

　あらゆる職務と役割，およびそれらを囲む利害関係者は，組織内外からの圧力によって創り出されていく環境の中に存在しています。環境は，技術的，経済的，政治的，対人関係的，および社会文化的な諸側面から分析されます。これらの諸側面をひとつひとつ体系的に詳しく調べあげれば，利害関係者にも彼らの抱く期待にも影響を与えそうな変化の方向が読みとれることでしょう。このような期待の変化が，ひいては分析対象の職務に影響を与えていきます。この分析法は，第4章に記述されています。

ステップ3　環境の変化が利害関係者の期待に与える影響を評価する

　ステップ2で識別された環境に変化が起こる場合，その変化はいろんなタイプの利害関係者が抱く期待にどのような影響を与えるでしょうか。ここのステップであなたは，それぞれの要因が職務や役割そのものに与える影響を分析し，影響力の大きさを評定していくことになります。影響要因ごとに，〈非常に重要〉とか〈あまり重要でない〉とか，評定していってもらいます。〈非常に重要〉とみなされた影響要因については，第5章で提示されるツールを活用して詳細に記述していくことになります。

ステップ4　職務と役割に対する影響を確認する

　このステップでは，識別された影響要因のまとめがおこなわれ，より総合的な観点から分析を進めます。それに応じて，職務や役割も見直されていきます。将来，この職務の中で最も大きく様変わりしそうなのは，どこでしょうか。どの次元が変化しそうですか。それはどのように変化していくでしょうか。第6章は，これらの問いの解明に利用できる手順を説明しています。

ステップ5　職務要件を見直す

　この職務に就かせる候補者として名前があがる人びとにとって，ステップ4

での分析は，どのような意味あいをもっているのでしょうか。この職務に将来従事するひとには，どのようなタイプの技能，動機や才能が必要とされるようになるでしょうか。もしあなたが自分自身の職務を分析していたら，分析結果はあなたにとってどのような意味あいをもっていますか。あなたには，なんらかの新たな訓練や経験が必要になるでしょうか。あなたはその職務に不向きではないでしょうか。職務の方を構築し直すようにすべきだということはないですか。第7章では，このような分析をおこなうための指針を提供します。

ステップ6　職務と役割の戦略的プラニング・エクササイズの輪を広げる

あらゆる職務がネットワークの一部分となっているので，ここまでの基本的分析から，他の職務もまたどのように変わりつつあるのか，判明していきます。そうすることによって，職務と役割のプラニング手順のつぎのステップが見えてきます。このエクササイズの経験者が何人か出てきたら，他の人びとにも集まってもらい彼らにやり方を教えて分析の輪を広げましょう。

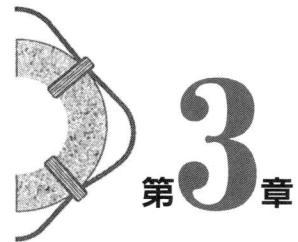

第3章

ステップ1：
現在の職務と役割を棚卸しする

▼▼▼職務の基本的次元

（訳注：目次のところで注記されていたとおり，以降の各章で，▼▼▼の記号が表示されているところは，読者にとってのエクササイズになっています。）

　あなたの職務記述書やその他なんでも使えそうなもの（たとえば，業績評価に使用される考課票など）を活用して，あなたの職務における主要な次元を見つけ出してください。まず手始めに，あなたが果たすべき基本的責任を箇条書きでリストしてください。つぎに，職務を成し遂げていくためにあなたが使える主要な資源（部下，予算，設備）などをリストにしてください。最後に，あなたの職務遂行に必要とされる主要な技能，才能，態度をリストしてください。

▼基本的責任をリストしてください。

▼職務を成し遂げていく際の主要な資源（訳注：ここで資源というのは，自分の持味，力量，権限にもとづくパワー，自分の知識，資格，時間，自分の力で動いてもらえる他の人びととのつながりなど，広い意味で自分の職務を通じて動員できるものを指しています）をリストしてください。

▼職務遂行に必要とされる主要な技能，才能，態度をリストしてください。

▼▼▼職務と役割のプロフィール

あなたは，管理職としての責任あるいはプロジェクト運営の責任を担っていますか。それに該当する場合には，以下の各項目の次元にそって，あなたの職務を評定してみてください。これらの次元は，変化が起こりそうな領域に注目しています。評定スコアは，あなたが自分の職務の将来の姿を比較しながら見通すための基準値となります（訳注：第6章でその基準値をまた使用することになります）。

「1」なら「頻度が低い」，「5」なら「頻度が高い」という5段階評定尺度を用いて，あなたの現在の職務における自分の行動を評定してください。

		低 　　　　高
1.	いろんな種類の集団（委員会，タスクフォース，会合等々）と共同で，あるいはその集団の一員として仕事する	1　2　3　4　5
2.	自分が日々果たしている役割の中で，コンサルタントもしくはカタリスト（訳注：議論を調整・促進し，刺激する触媒役）としての業務をおこなっている	1　2　3　4　5
3.	専門領域で自分より専門能力に長けている人びととの仕事への意気込みをうまく束ねる	1　2　3　4　5
4.	他の人びとによって収集された二次的情報に頼っている	1　2　3　4　5
5.	自分自身で考えて意思決定してしまうよりも，他の人びとがきちんと考えて意思決定するか監視（モニター）している	1　2　3　4　5
6.	自分自身で決定をくだしてしまうよりも，管理や意思決定の過程がうまく進むようファシリテータ（促進役）をしている	1　2　3　4　5
7.	重要な問題を識別し，問題を正しく設定した上で仕事の取り組みがなされるように注意している	1　2　3　4　5
8.	全般的な業績を上げるには（なにもかもを自分の掌中でコントロールしてしまうよりは）他の人びと（同輩や部下等々）に依存している	1　2　3　4　5
9.	責任（リスポンシビリティ）（結果責任（アカウンタビリティ））のレベルは，自分で手に負える範囲を超えている	1　2　3　4　5
10.	日々の業務を遂行するのに使う以上の時間を，組織の長期的な健全さについて考察するのに使っている	1　2　3　4　5

▼▼▼現在の役割ネットワークと中心的な利害関係者

　ここでのエクササイズの助けを借りれば，あなたの役割ネットワーク（あなたに物事を期待する人びと）とそのネットワーク内で中心的な利害関係者（あなたがそのひとたちからの期待を充たすことができなければ，彼ら自身の仕事や生活も，そのことによって大きく影響を受ける人びと）をより容易に識別していくことができます。

　この分析では職務に焦点を合わせますが，役割ネットワークの中には，家族，友人や地元のひとたちなども含まれます。このようなひとたちも，あなたの時間，労力，貢献に対して期待を抱いているからです。職場以外のひと（訳注：たとえば，つぎの例示の図にみるように，家族や友人など）が中心的な利害関係者となりうるでしょうか。そのなかには，職場でいっしょに働いているひとたちよりも，もっと中心的な位置を占めるひともいます。役割ネットワークの例は，つぎのページに図示しています（訳注：このように特定の個人を中央にして，そのひととつながっている人びととの放射線状の関係を，エゴ・ネットワークと呼びます）。

　その図のつぎのページに，あなた自身の役割ネットワークの図を描いてみてください。まず，あなた自身を中心部に置いてください。それから，あなたを取り巻く役割セット（訳注：部下にとっては上司，自分より上司からみれば部下，子どもにとっては親，配偶者にとっては人生のパートナー，地元の自治会では隣人など，ある個人を中心として見たとき，そのひとにつながっている相手がそのひとに期待する多種多様な役割の集合体のことを役割セットと言います）に入るひとたちを皆ひとりずつ輪の中に描いていきます。その輪がだれなのかわかるように，名前か肩書きを記入します。輪とのつながりがどの程度重要なのか，その輪に入る利害関係者の期待がどれくらい大きいのか，わかるように矢印の太さで示してください。

　ありとあらゆる範疇の利害関係者を広く思い浮かべてください。上司，部下，同輩，社内外の顧客，社内外の納入業者（サプライヤー），規制団体，自分の職務とは直接かかわりのない仕事仲間，あなたの配偶者や恋人，子ども，親友，同じ地域社会のひとたち，等々。

　あなたの職務が根を張っているネットワークがどれくらい込み入って複雑になっているのかがとことんわかるようになるまで，この図に書き込む作業は，徹底してやってください。

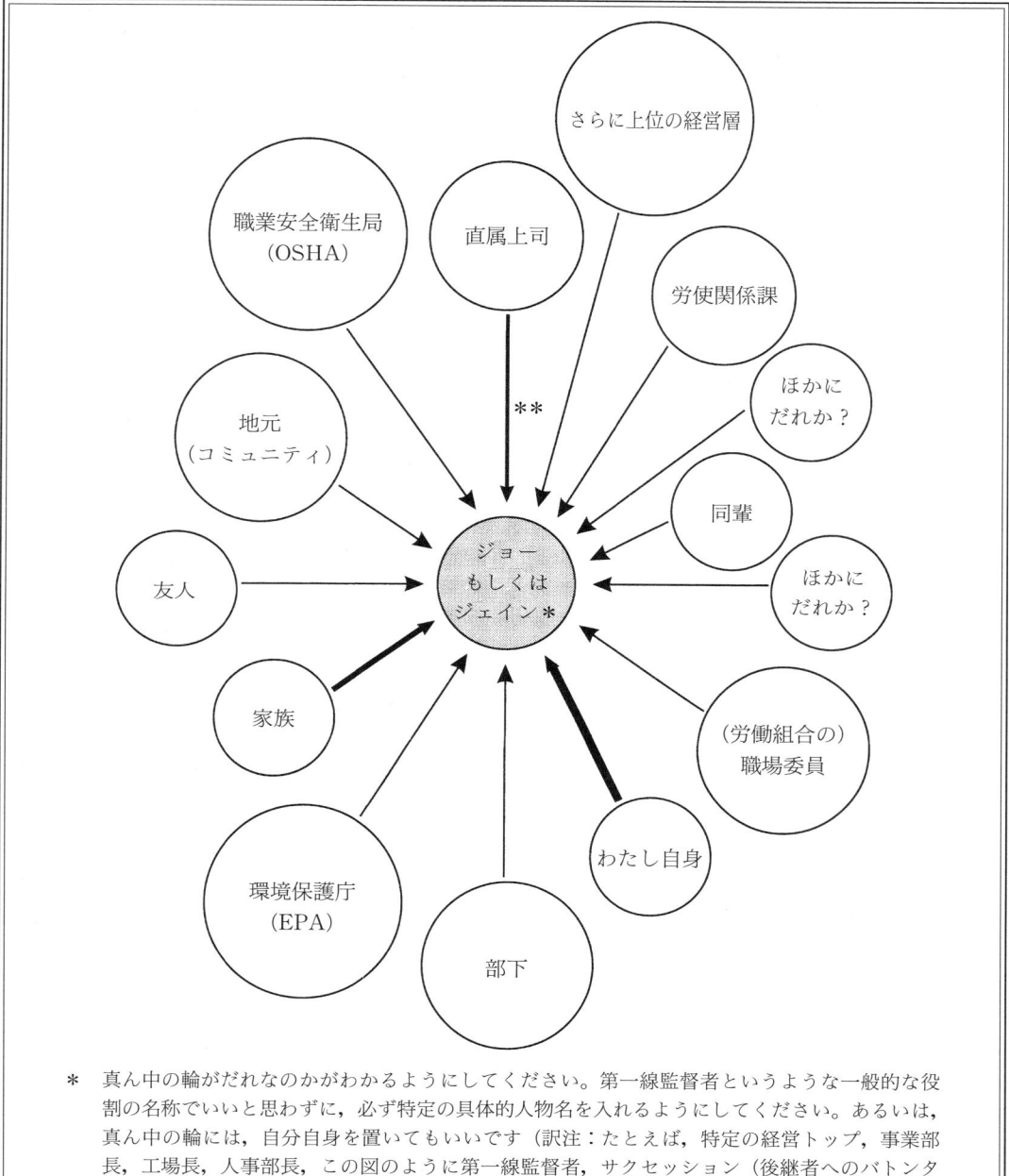

図中の要素:
- 中央: ジョー もしくは ジェイン*
- さらに上位の経営層
- 直属上司 **
- 労使関係課
- ほかにだれか？
- 同輩
- ほかにだれか？
- （労働組合の）職場委員
- わたし自身
- 部下
- 環境保護庁（EPA）
- 家族
- 友人
- 地元（コミュニティ）
- 職業安全衛生局（OSHA）

* 真ん中の輪がだれなのかがわかるようにしてください。第一線監督者というような一般的な役割の名称でいいと思わずに，必ず特定の具体的人物名を入れるようにしてください。あるいは，真ん中の輪には，自分自身を置いてもいいです（訳注：たとえば，特定の経営トップ，事業部長，工場長，人事部長，この図のように第一線監督者，サクセッション（後継者へのバトンタッチや登用）が問題になっている人物，右腕として育ってほしい部下などの職務と役割を分析するのなら，前者のようにそのひとの名前を中央に入れます。通常は読者自身が自分の職務と役割を分析するために，この冊子のつぎのページを用いますので，その場合には，後者のように自分自身を真ん中の輪に入れます）。

** 矢印の太さは，関係の強度を表しています。

ある第一線監督者にとっての役割ネットワークの例示

ステップ１：現在の職務と役割を棚卸しする

▼▼▼役割ネットワーク

▼このページに，あなた自身の役割ネットワークを（訳注：前ページを参考に）図示してみてください。

▼▼▼とても大事な利害関係者と彼らの期待

　　ネットワークの図にもう一度戻って，そのひとの期待があなたに与える影響が最も強い利害関係者を４，５名選び出してください。それにあたるひとがだれかを見極めるために，つぎの問いを自問してみてください。あなたがそのひとの期待に見合う成果をあげられなかったときに，いちばんたいへんな目に遭うのはだれでしょうか，と。あなたもまた，職務に対する考えや自分なりの期待をもっているわけですから，その４，５名に加えて，あなた自身もリストに足してください。

　　中心的なひとりひとりの利害関係者が抱く期待のうちで最も重要なものを記入していってください。もし，そのひとがなにを期待しているかよくわからないときには，推測でけっこうですから，いちばんありそうな期待を記してください。

▼利害関係者１：＿＿＿＿＿＿＿＿　（名前を書いてください。訳者補足）

▼このひとからの主要な期待はなんですか。

▼利害関係者2：＿＿＿＿＿＿＿＿＿＿（名前を書いてください。訳者補足）

▼このひとからの主要な期待はなんですか。

▼利害関係者3：＿＿＿＿＿＿＿＿＿＿（名前を書いてください。訳者補足）

▼このひとからの主要な期待はなんですか。

▼利害関係者4：＿＿＿＿＿＿＿＿＿＿（名前を書いてください。訳者補足）

▼このひとからの主要な期待はなんですか。

▼利害関係者5：＿＿＿＿＿＿＿　（名前を書いてください。訳者補足）

▼このひとからの主要な期待はなんですか。

▼利害関係者6：＿＿＿＿＿＿＿　（名前を書いてください。訳者補足）

▼このひとからの主要な期待はなんですか。

▼このわたし自身

▼わたしから分析対象者に対する主要な期待（訳注：分析対象者が自分自身の場合は，自分に対する期待）はなんですか。

曖昧性，過剰負荷，葛藤の分析

中心的な利害関係者の期待がわかると，役割曖昧性，役割過剰負荷，役割葛藤という3つの問題が浮かび上がってきます。以下の記述は，これらの状況をうまく切り抜けるための指針を与えてくれるはずです。

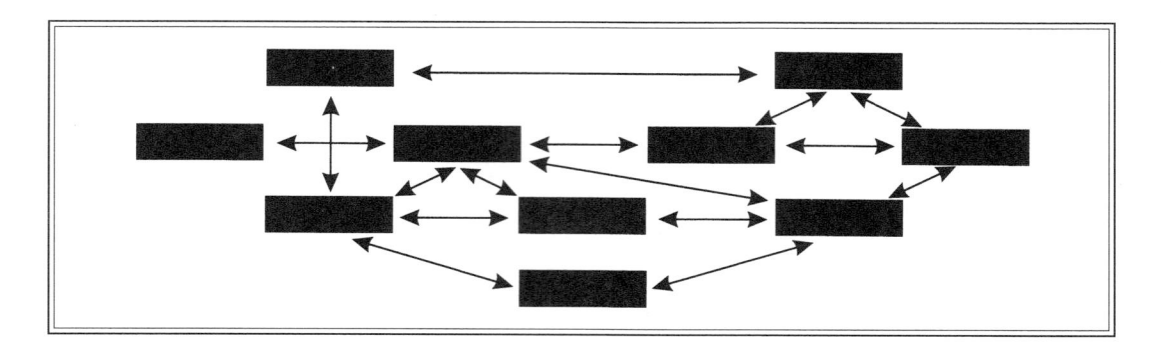

役割曖昧性

利害関係者のうちの何人かに関して，あなたが真っ先に気づくのは，曖昧さです。役割の曖昧な状態とは，あなたに対するそのひとたちの期待が今実際にどのようなものなのか，また将来どのようになっていくのか，読みづらいという状態のことをいいます。これを，役割曖昧性の問題と呼びます。これは，組織において，ますます重要になりつつある問題です。

利害関係者の中の何人かのひとたちが役割曖昧性の原因になっている場合，あなたにはふたつの選択肢があります。

1. 曖昧性を低下させるために，コミュニケーション過程をもっと活発にしていきます。利害関係者をきちんと訪ねて，あなたになにを期待しているのか教えてもらうように頼むか，さもなくば，彼らの期待についてあなたの考えを披露して，まちがっているところを彼らに訂正してもらうように頼むのです。
2. 「そもそも役割は曖昧なものだという現実を受け入れて，曖昧性をものともせずに生きる」ように決心するのがもうひとつの選択肢です。利害関係者の今後の行動をつぶさに観察して，彼らが望んでいるものがなになのかあなたが解読できるようになるまで，手がかりを探し求めるのです。

結果として「役割が明瞭になっていく」のならば，第1の選択肢がより望ましいことは言うまでもありません。利害関係者のひとたちは，おそらくは，あなたに対する自分の期待が不明瞭だなどとは自覚していません。だから，この問題の解決を図るには，あなたが率先して働きかけていかなければなりません。

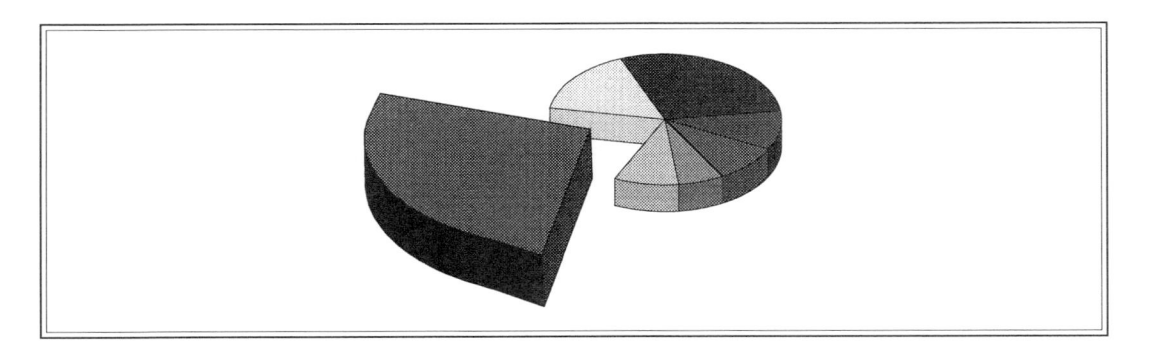

役割過剰負荷

　第2の問題は，役割からの過剰な負荷です。利害関係者の中でとても大事なひとたちからあなたに対する期待を全部寄せ集めてみましょう。気がつくと，期待の集計があなたにとってうまく扱えるレベルを大きく上回っているときに生じているのが，役割過剰負荷です。利害関係者の重要性が一様でなくばらついていれば，相対的に重要度の低い利害関係者からの期待を無視することによって，ふつうなら役割過剰負荷になんとか対処できます。しかし，無視されることになった利害関係者がつむじをまげてしまうかもしれないので，この対処法は，難しい状況を生み出してしまうことが多いです。

　役割過剰負荷に対処する第2のやり方は，各利害関係者からの期待に対して全面的にはそえないけれども部分的には（期待のほんの何割かだけなら）対応して，各人に譲歩をお願いする方法です。残念ながら，この方法をとってしまうと，この利害関係者各人の目に，あなたはあまり有能ではないように映ってしまうかもしれません。

　役割過剰負荷に対処する最良の方法は，中心的な利害関係者たちに自分の置かれた状況をきちんと伝えて，彼らにお願いしていっしょに，自分の優先順位を設定することです。あなたは，なにが彼らにとって最も重要なのかを見つけ出す必要があります。これらの利害関係者たちは，他の各利害関係者があなたに対して抱いている期待に気づいていないかもしれません。あなたが自分には負荷が重すぎると利害関係者たちにいったん伝えたら，なにが最も重要なのか，

利害関係者同士の間で議論して決めることができます。また，あなたが自分でそれを決めてもいいと，利害関係者たちが，現場のあなたに決定権を委譲(エンパワー)すること（訳注：ここでは他に適切な訳語がないので委譲という言葉を使っていますが，エンパワーメントというときには，決定権を含む権限を現場に近いところにもたらすばかりでなく，情報，資源，その他の支援を現場に対して付与する場合をさします）もできます。

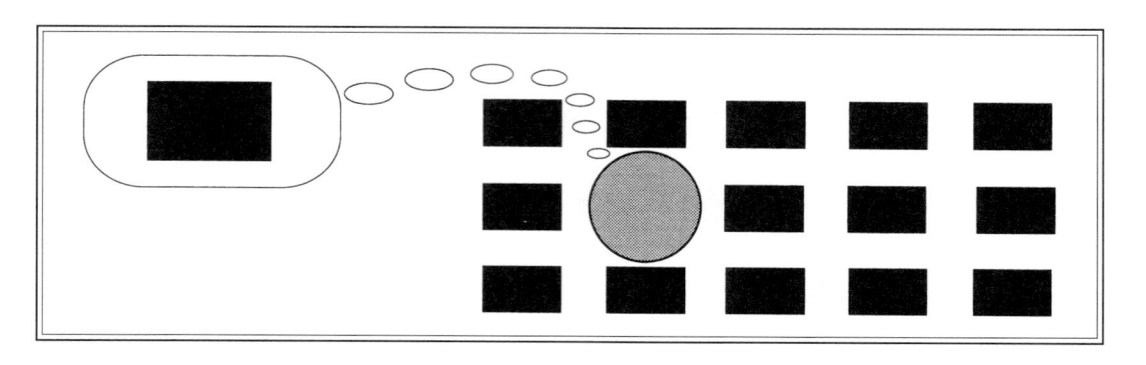

役割葛藤

役割葛藤は，ふたり以上の利害関係者が互いに矛盾し合う期待を抱いていることにあなたが気づいたときに生じます。以下の3つの場合のどれかにあてはまるときに，役割葛藤がよく生じます。

1．上司が望むことと部下が望むことが矛盾する場合
2．同輩の中の利害関係者のひとりが望むことが，他の同輩が期待することと矛盾する場合
3．あなたにとってとても大事な利害関係者のひとりが望むことが，あなた個人が自分に対して抱く期待と矛盾する場合

各人は，自分の職務においては，その利害関係者のひとりですし，自分なりの期待を抱きます。自分に期待されていることだけど，いくつかの理由からどうしてもそれをやりたくないということもよくあります。このために，倫理的，道徳的，あるいは動機的側面から，選択が難しくなるジレンマに追い込まれることもあります。

このいずれの場合においても，葛藤のために起こる感情面でのしこりを最小限にするために，問題となる利害関係者と役割に関して交渉することがきわめて重要です。あなたは多様な利害関係者と意思疎通する方法を見つけ出して，

彼らの期待の間に矛盾が生じていることをわかってもらわなければなりません。そうすれば，彼ら自身が解決のために腰をあげるか，あなたが自分で矛盾を解決できるようにその権限を委譲（エンパワー）してくれるでしょう。あなたが自分だけで一方的に矛盾を解決しようとがんばってしまうと，利害関係者のうちのだれかをがっかりさせてしまう危険もありますし，あなたにはそのひとの期待に応えるだけのやる気や能力がないように思われてしまう危険もあります。

役割過剰負荷や役割葛藤の特別な場合として，家族や友人の期待が仕事の場での利害関係者の期待と矛盾する場合があげられます。この種の「仕事と家庭」をめぐる過剰負荷や葛藤は，組織と外界の境界線がぼやけていきつつありますので，ますます広範に見られるようになるでしょうし，より大きな問題にさえなっていくでしょう（訳注：このような現象は，バウンダリーレス（境界線のない）キャリアと呼ばれる変化の一側面で，たとえばSOHO（スモールオフィス，ホームオフィス）が導入されると仕事と家庭のインターフェースのあり方をあらためて考え直し，作り直す必要性が高まります）。たとえば，過剰負荷は，大半の仕事が家庭でなされるようになれば，緩和されるでしょう。でも，家庭の中で仕事をするようになると，組織と従業員との間の関係に対する現行の態度に変化が迫られます。これまでの前提とかけ離れた前提に立って，責任やコミットメント（訳注：組織や仕事への愛着や一体感のことをいう）について考えなければならなくなります。この種の問題を解決するためには，将来の組織形態についてよく理解しておかなければなりません。仕事の組織と家庭の双方に対する複雑な交渉について，また仕事の性質に関する文化的な前提のなんらかの変化について，よく理解しておかなければなりません。

現在の職務と役割の分析が終わりましたら，つぎのステップ――環境における変化の識別というステップ――に進んでください。

第4章

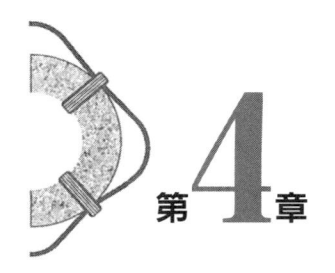

ステップ２：
環境の変化を識別する

　この章を読み終える前に，先に第9章にも目をとおしてもらった方がいいかもしれません。第9章では，将来起こりそうないくつかの変化について議論しています。変化が組織における職務や役割にどのような影響を与えるかに注目しながら，変化の趨勢についてまとめています。どのように環境が変化していくかを見通すのに役立つ第8章の素材や，その他なんでも読者の目にとまった適切で有益と思われる素材を，どうぞご自由に駆使してください。5年から10年の将来における変化を見通すようにしてください。ただし，5年も経つ前に影響をもたらしそうな変化の趨勢も無視しないようにしてください。

環境の４つの次元

　異なる４つの次元から環境のことを考えてみてください。個々の次元で起こりうる変化を分析するのが有益です。その４つの次元は，つぎのとおりです。

1．技術の次元（たとえば，情報技術やバイオテクノロジーの急激な進化など）

2．経済の次元（たとえば，市場と製造過程のグローバル化，大規模通商ブロック圏の成長，増大するグローバル競争など）

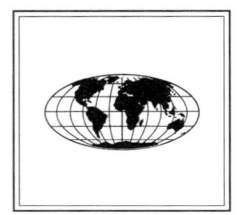

3．政治の次元（たとえば，ソビエト連邦の崩壊，ユーゴスラビアやチェコスロバキアなどの国々における民族単位ごとの紛争など）

4．社会文化の次元（たとえば，民主主義への高まる要望，人権運動の伸び，環境保護運動など）

　この分析は，グループ作業でおこなうのが望ましいです。その理由は，他の人びとがどのように見ているのかがわかると，考えるきっかけとして刺激になり，分析が深まっていくからです。まず最初に，ブレーンストーミング（訳注：アイデアの数は多ければ多いほどよいという前提に基づいて，当初は批判や評価を控えて，どんどんアイデアを出していくというグループ討議の手法）で思い浮かぶまま，変化している要因をあげていってください。それからその変化要因を先の4つの範疇に，分類していくのも一案です。この分析をおこなう最終的な目標は，あなたにとっての利害関係者の期待がどのように変化していくのかについて，理解を深めることにあります。この点を念頭において作業してください。

▼▼▼将来の環境変化の趨勢 (以下，項目ごとに変化の中身を記述していってください。文章ではなく箇条書きでもけっこうです。訳者補足)

▼技術的な変化の趨勢：

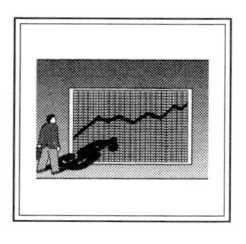

▼経済的な変化の趨勢：

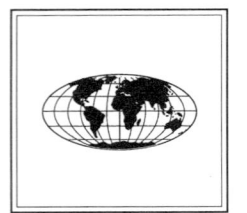

▼政治的な変化の趨勢：

▼社会文化的な変化の趨勢：

▼その他の重要な変化の趨勢：

第5章

ステップ3：
環境の変化が利害関係者の期待に与える影響を評価する

▼▼▼利害関係者の期待の変化

　　ステップ2で識別した環境変化の趨勢は，ステップ1で見つけ出した主要な利害関係者それぞれにどのような影響を与えそうですか，また，さらにその趨勢は，あなたに対する利害関係者の期待にどのような変化をもたらしそうですか，これらの点について考えてみてください。

▼利害関係者1：＿＿＿＿＿＿＿＿＿＿（第3章のステップ1の分析で，役割ネットワーク内の利害関係者として，23-25ページで取り上げたひとの名前を，またここでも下線部に順次記入していって，その下の欄に彼らの期待にどのような変化が生じそうか，記述してください。訳者補足）

▼利害関係者2：＿＿＿＿＿＿＿＿＿＿＿＿＿

▼利害関係者3：＿＿＿＿＿＿＿＿＿＿＿＿＿

▼利害関係者4：＿＿＿＿＿＿＿＿＿＿＿＿＿

▼利害関係者5：＿＿＿＿＿＿＿＿＿＿＿＿＿

▼利害関係者6：＿＿＿＿＿＿＿＿＿＿＿＿＿

▼このわたし自身：

▼将来そのひとからの期待がとても大事になってきそうな，上記以外の利害関係者：
＿＿＿＿＿＿＿＿＿＿（ステップ１であげた以外にそういうひとがいれば，順次名前をあげて，これらのひとから新たにどのような期待が生じたのか記入してください。訳者補足）

＿＿＿＿＿＿＿＿＿＿

＿＿＿＿＿＿＿＿＿＿

＿＿＿＿＿＿＿＿＿＿

第6章

ステップ４：
職務と役割に対する影響を確認する

▼▼▼環境の変化が職務と役割に対してもたらす全般的な影響

　　ステップ１でおこなった先の職務分析をあらためて振り返り（訳注：第５章のステップ３で実施した），利害関係者に起こった変化に関する評定を踏まえて，先の職務分析結果（訳注：第３章のステップ１であなたが記入した分析結果）を改訂してください。あなたが感知する，主要な影響がどこにありそうか，以下の余白にリストしてください。
　（記入法についての訳注：第３章のステップ１では，職務記述書や考課票などをもとにして，つぎのようなインストラクションに基づいて，職務分析をおこないました。「まず手始めに，あなたが果たすべき基本的責任を箇条書きでリストしてください。つぎに，職務を成し遂げていくためにあなたが使える主要な資源（部下，予算，設備）などをリストにしてください。最後に，あなたの職務遂行に必要とされる主要な技能，才能，態度をリストしてください。」ここでは，役割ネットワークの主要な利害関係者からの期待が環境の変化によってどのようなインパクトを受けたかを第５章のステップ３で分析しましたので，その結果にもとづいて，後で，第３章でおこなった質問票調査の結果も踏まえて，第３章の分析にならって(1)職務における基本的責任，(2)職務遂行に利用できる主要な資源，(3)職務遂行に必要な技能，才能，態度，の順に，先の分析結果を改訂してみることになります。ここでは，もっと一般的に，どのような環境の変化が職務のどこに影響を与えそうか，考えてください。）

▼ 環境の＿＿＿＿＿＿＿＿＿＿＿＿＿＿＿＿＿＿＿＿＿＿＿＿＿＿＿＿＿＿＿＿＿＿＿
という変化が，職務の＿＿＿＿＿＿＿＿＿＿＿＿＿＿＿＿＿＿＿＿＿＿＿＿＿＿
に影響を与える（訳注：原著にはこのような具体的指示はありませんが，日本語版の読者にわかりやすいように追加しました）

▼ 環境の＿＿＿＿＿＿＿＿＿＿＿＿＿＿＿＿＿＿＿＿＿＿＿＿＿＿＿＿＿＿＿＿＿＿＿
という変化が，職務の＿＿＿＿＿＿＿＿＿＿＿＿＿＿＿＿＿＿＿＿＿＿＿＿＿＿
に影響を与える（訳注：原著にはこのような具体的指示はありませんが，日本語版の読者にわかりやすいように追加しました）

▼ 環境の＿＿＿＿＿＿＿＿＿＿＿＿＿＿＿＿＿＿＿＿＿＿＿＿＿＿＿＿＿＿＿＿＿＿＿
という変化が，職務の＿＿＿＿＿＿＿＿＿＿＿＿＿＿＿＿＿＿＿＿＿＿＿＿＿＿
に影響を与える（訳注：原著にはこのような具体的指示はありませんが，日本語版の読者にわかりやすいように追加しました）

▼ 環境の＿＿＿＿＿＿＿＿＿＿＿＿＿＿＿＿＿＿＿＿＿＿＿＿＿＿＿＿＿＿＿＿＿＿＿
という変化が，職務の＿＿＿＿＿＿＿＿＿＿＿＿＿＿＿＿＿＿＿＿＿＿＿＿＿＿
に影響を与える（訳注：原著にはこのような具体的指示はありませんが，日本語版の読者にわかりやすいように追加しました）

▼▼▼職務と役割の次元に対する影響

　　以下にリストした各項目（訳注：第3章で先に現状について回答していただいたものと同じです）について，あなたの職務と役割の諸次元を再度検討してみて，将来どのようになりそうかという変化の方向を見据えて，各項目をあらためて評定してください。先にどのようなスコアで評定したかをけっして見ずに，ご回答ください。職務の現状をどう見るか（訳注：第3章での分析），職務の将来像をどう見るか（訳注：ここでの新たな分析），両者の違いを比べてもらいます。先の回答を見ると今回の回答にバイアスがかかりますので，その偏りを最低限に抑えるためのお願いです。

　　「1」なら「頻度が低い」，「5」なら「頻度が高い」という5段階評定尺度を用いて，各次元について（訳注：この職務でのあなたの将来の行動を）評定してください。

		低				高
1.	いろんな種類の集団（委員会，タスクフォース，会合等々）と共同で，あるいはその集団の一員として仕事する	1	2	3	4	5
2.	自分が日々果たしている役割の中で，コンサルタントもしくはカタリスト（訳注：議論を調整・促進し，刺激する触媒役）としての業務をおこなっている	1	2	3	4	5
3.	専門領域で自分より専門能力に長けている人びととの仕事への意気込みをうまく束ねる	1	2	3	4	5
4.	他の人びとによって収集された二次的情報に頼っている	1	2	3	4	5
5.	自分自身で考えて意思決定してしまうよりも，他の人びとがきちんと考えて意思決定するか監視(モニター)している	1	2	3	4	5
6.	自分自身で決定をくだしてしまうよりも，管理や意思決定の過程がうまく進むようファシリテータ（促進役）をしている	1	2	3	4	5
7.	重要な問題を識別し，問題を正しく設定した上で仕事の取り組みがなされるように注意している	1	2	3	4	5
8.	全般的な業績を上げるには（なにもかもを自分の掌中でコントロールしてしまうよりは）他の人びと（同輩や部下等々）に依存している	1	2	3	4	5
9.	責任(リスポンシビリティ)（結果責任(アカウンタビリティ)）のレベルは，自分で手に負える範囲を超えている	1	2	3	4	5
10.	日々の業務を遂行するのに使う以上の時間を，組織の長期的な健全さについて考察するのに使っている	1	2	3	4	5

▼▼▼職務と役割のプロフィール（改訂後）

　　ここまでおこなってきたオープン・システム・プラニングの観点から，あなたの職務の記述（訳注：第3章の冒頭で先に記述してもらっているものです——17-18ページをご覧ください）をもう一度やりなおしてください。

▼基本的責任のリストを改訂してください。

▼職務を成し遂げていく際の主要な資源のリストを改訂してください。

▼職務遂行に必要とされる主要な技能，才能，態度のリストを改訂してください。

第7章

ステップ5：
職務要件を見直す

　あなたが今見直してきたとおりの職務と役割をうまく遂行するのに必要とされる，特別な技能，態度，および価値観は，いったいどのようなものでしょうか。この問いをめぐっていろいろ考えてもらうために，以下に示す職務特性プロフィールを記入していただきます。ここにあげている以外にも，思いつく限りどのような次元でも，自分なりに追加していってください（訳注：以下の50項目の後——46ページ——の「思いつく他の項目」のところに記入してください）。

　以下の項目は，組織が効果的に業績をあげる上で重要だとわかっている4つの範疇別に整理してあります。将来の職務や役割は，急激に変化する環境におかれることになるでしょうが，そのような環境に特にふさわしい項目を，重点的にとりあげています。

▼▼▼職務特性のプロフィール

　以下の各項目に目を通して，あなたの現状をよく表わす数字に×印をつけてください。あなたの将来あるべき姿を表わす数字を○印で囲んでください。「1」が「自分には低度しかない」，「5」が「自分には高度にある」という5段階評定尺度を用いて，あなた自身について評定してください。

▼動機と価値

		低　　　　高
1.	職務をやり遂げたいという望み(デザイア)や，達成したいという欲求	1　2　3　4　5
2.	自分の属する組織とその使命に対するコミットメント（訳注：一体感や愛着）	1　2　3　4　5
3.	いいキャリアを歩みたいという抱負や大志	1　2　3　4　5
4.	キャリアに打ち込んでいる度合い	1　2　3　4　5
5.	高度の責任を取ってみたいという望み	1　2　3　4　5
6.	リスクを取ってもいいという望み	1　2　3　4　5
7.	きびしい決定をしてみせるという望み	1　2　3　4　5
8.	人びとといっしょに仕事をしたり，人びとに仕事をしてもらいたいという望み	1　2　3　4　5
9.	権力や権限を行使したいという望み	1　2　3　4　5
10.	他の人びとの活動を監視(モニター)・監督したいという望み	1　2　3　4　5
11.	他の人びとに権限を委譲して，彼らが成功するように支援したいという望み	1　2　3　4　5
12.	職能や専門にとらわれない，全般管理職（ゼネラル・マネジャー）として活躍していきたいという望み	1　2　3　4　5
13.	他の人びとと競争するよりは，共創したいという望み	1　2　3　4　5
14.	学習することへの望み	1　2　3　4　5
15.	うまくいかないことがあっても，リスクを取りたいという望み	1　2　3　4　5

▼分析能力と技能

		低　　　　高
16.	複雑で曖昧な状況下でも問題を識別できる能力	1　2　3　4　5
17.	複雑な問題に対して必要とされる情報を即座に見極める能力	1　2　3　4　5
18.	必要とされる情報を他の人びとから手に入れる能力	1　2　3　4　5
19.	自分自身で収集したわけではない情報の妥当性を評価する能力	1　2　3　4　5
20.	経験から即座に学習していける能力	1　2　3　4　5

		低　　　　高
21.	自分自身の行為に間違いがあったとき，それを見つける能力	1　2　3　4　5
22.	異なる種類の問題には，異なる解決案を考察し実施していけるだけの能力，その意味での柔軟性	1　2　3　4　5
23.	創造性，工夫を凝らす能力	1　2　3　4　5
24.	発想の広がり，広範で多様な状況に対する洞察力	1　2　3　4　5
25.	自分自身（自分の強みと弱み）をよく洞察している度合い	1　2　3　4　5

▼対人関係と集団での技能

		低　　　　高
26.	同輩とオープンで信頼できる関係を発展させる能力	1　2　3　4　5
27.	上司とオープンで信頼できる関係を発展させる能力	1　2　3　4　5
28.	部下とオープンで信頼できる関係を発展させる能力	1　2　3　4　5
29.	理解しようとして他の人びとの言うことに耳を傾ける能力	1　2　3　4　5
30.	自分の考えやアイデアをはっきりと納得できるように伝えられる能力	1　2　3　4　5
31.	自分の感情をはっきりと伝えられる能力	1　2　3　4　5
32.	わたしに直属するわけではない人びとに対する影響力	1　2　3　4　5
33.	同輩に対する影響力	1　2　3　4　5
34.	上司に対する影響力	1　2　3　4　5
35.	部下に対する影響力	1　2　3　4　5
36.	入り組んだ対人関係や集団の状況を診断する能力	1　2　3　4　5
37.	自分自身で決定を下さなくても，レベルの高い決定がなされていくような手順を編み出す能力	1　2　3　4　5
38.	共創（コラボレーション）やチームワークを発展させる能力	1　2　3　4　5
39.	集団の間や職能分野の間でうまく調整がおこなわれるような手順を編み出す能力	1　2　3　4　5
40.	自分の部下が成長し能力を伸ばす風土を創り出す能力	1　2　3　4　5

▼感情にまつわる能力と技能

		低　　　　高
41.	他の人びとの意見に頼ることなく，自分なりの決断がきちんとできる度合い	1　2　3　4　5
42.	自分の権力を他の人びとと分かち合える度合い	1　2　3　4　5
43.	間違いを間違いと認め，許容することのできる度合い	1　2　3　4　5
44.	曖昧さと不確実さに耐えられる度合い	1　2　3　4　5
45.	よくない結果に終わるかもしれなくても，リスクを取って決めた道を歩んでいける能力	1　2　3　4　5
46.	不安や不快が待ち構えていても，決めた道を歩んでいける能力	1　2　3　4　5
47.	対立がある状況では（対立を避けたり，抑制したりするのではなく）対立を直視し対決してでもとことん意見を出し合おうとする能力	1　2　3　4　5
48.	失敗経験に終わっても，とことんやり抜く能力	1　2　3　4　5
49.	役割曖昧性，役割過剰負荷，役割葛藤が存在するなら，自分の利害関係者ととことん対決してでもやりあう能力	1　2　3　4　5
50.	乱気流のように激しく変化する環境に直面しても，きちんと仕事をやり通せる能力	1　2　3　4　5

▼思いつく他の項目（訳注：ここまでの50項目のように，項目としての文章を作成して，5段階評定尺度で評定してみてください）

（訳注：読者の皆さんなりの，新たな項目をここに追加してください。）　　低　　　　高

51.		1　2　3　4　5
52.		1　2　3　4　5
53.		1　2　3　4　5
54.		1　2　3　4　5
55.		1　2　3　4　5

（訳注：51から55までの記入欄は，原著にはないが，読者が作業しやすいように訳書に追加。）

▼▼▼自己啓発上の含意

　まず，現状についてのあなたの評定と将来のあるべき姿についてのあなたの考えとの乖離が最も大きい項目に注目してください。大きな乖離が存在する個々の分野に関して，あなた自身にとっての自己啓発プラン（訳注：developmental plan の訳語を「自己啓発プラン」としましたが，働く個人の側ではなく育成する組織や人事部の側を念頭におけば「能力開発プラン」にもなります。ここでは，個人が自発的にできることを指しているので，前者のように訳しました）を立ててみてください。あるいは，あなたの現在の能力のままでも十分に職務がこなせるように職務の側を自分に合わせてつくりかえていく方法を考察してみてください。

　職務の側を再構成しなければならないという結論に達した場合にも，自分の職務に対する新たな期待が，あなた自身にとっても，関連の利害関係者にとっても現実的なものになるように，きちんと何度も交渉しながら，職務再構成（リストラクチャリング）の方向を考え抜いてください。

　あなたが計画的に取り組むべき自己啓発もしくは職務再構成のための多様なアクションを箇条書きにリストしてください。そして，折に触れ目を通して参考にできるように，このリストを手元に保管しておいてください。

　（訳注：以下のリストでは，自己啓発プランと書かれていますが，そこに記入するのは，職務再構成のためのプランであってもけっこうです。ただし，その場合も，職務をつくりなおすために，自分としてはいったいなにをなすべきか，という具体的なアクションとして，記述するようにしてください。）

▼項目の番号 _____ 　（訳注：先の1から50までの項目のうち──51以下に追加した項目があればそれも含めて，×と○とのスコアのギャップが大きい順に入れていってください。）
　この項目にかかわる自己啓発プランを以下に記入してください。

▼項目の番号 _____
　この項目にかかわる自己啓発プランを以下に記入してください。

▼項目の番号 _____
　この項目にかかわる自己啓発プランを以下に記入してください。

▼項目の番号 _____
　この項目にかかわる自己啓発プランを以下に記入してください。

▼項目の番号 _____
　この項目にかかわる自己啓発プランを以下に記入してください。

▼項目の番号 _____
　この項目にかかわる自己啓発プランを以下に記入してください。

▼項目の番号 _____
　この項目にかかわる自己啓発プランを以下に記入してください。

▼項目の番号 _____
　この項目にかかわる自己啓発プランを以下に記入してください。

▼項目の番号 _____
　この項目にかかわる自己啓発プランを以下に記入してください。

▼項目の番号 _____
　この項目にかかわる自己啓発プランを以下に記入してください。

ステップ5：職務要件を見直す

▼項目の番号 _____
　この項目にかかわる自己啓発プランを以下に記入してください。

▼項目の番号 _____
　この項目にかかわる自己啓発プランを以下に記入してください。

▼項目の番号 _____
　この項目にかかわる自己啓発プランを以下に記入してください。

▼項目の番号 _____
　この項目にかかわる自己啓発プランを以下に記入してください。

▼▼▼自己啓発プランの要約

あなたが今作成したばかりの自己啓発の諸プランをもとにして，あなたがこれから取り組んでいくことになるつぎのステップは，いったいどのようなものでしょうか。具体的なステップをあげて，それぞれに着手していく時期を記入してください。

▼ステップ1：

▼ステップ1をおこなう時期：

▼ステップ2：

▼ステップ2をおこなう時期：

▼ステップ3：

▼ステップ3をおこなう時期：

ステップ5：職務要件を見直す

第8章

ステップ6：
職務と役割の戦略的プラニング・エクササイズの輪を広げる

　エクササイズの最終ステップは，職務と役割に対するこのプラニング活動がほかのだれに役立ちそうなのか考えて，そのひとたちにこのエクササイズの考え方と手順を教えることです。その対象は，部下や同輩かもしれませんし，あるいは上司かもしれません。あなたは，利害関係者分析の中で一部のひとたちが非現実的な期待を抱いていることに気づいたはずです。よくあることなのですが，そんなひとたちにこそ，本書のようなエクササイズが役立つものです。この章では，職務と役割のプラニングが必要になってくる理由を検討していきます。

▼職務と役割に対するプラニングが役立ちそうな人びとの名前をリストしてください。

職務と役割のプラニングが将来に対してとても大事になるのはなぜか

　職務と役割に対する分析とプラニングは，ますます重要なエクササイズとなりつつあります。その理由として，仕事も組織も，今までよりも急激なスピードで変化しつつあることがあげられます。また，どのような兆しに目をやってもわかることですが，仕事はより流動的になり，上司，同輩，部下という役割で他の人びととの諸関係もますます込み入ったものとなりつつあることもその理由です。以下に述べていきますことは，今後最も重要になりそうだと考えら

れる変化の趨勢のいくつかについて，また，その趨勢が仕事の性質に対して結果としてもたらす変化について，わたしが考えるところです。これらの変化の趨勢は，込み入った形ですべてが相互に関連し合っていますので，記述のためにひとつずつ取り上げて書いていますが，さまざまな諸力が絡んだ単一のシステムであると考えなくてはなりません。

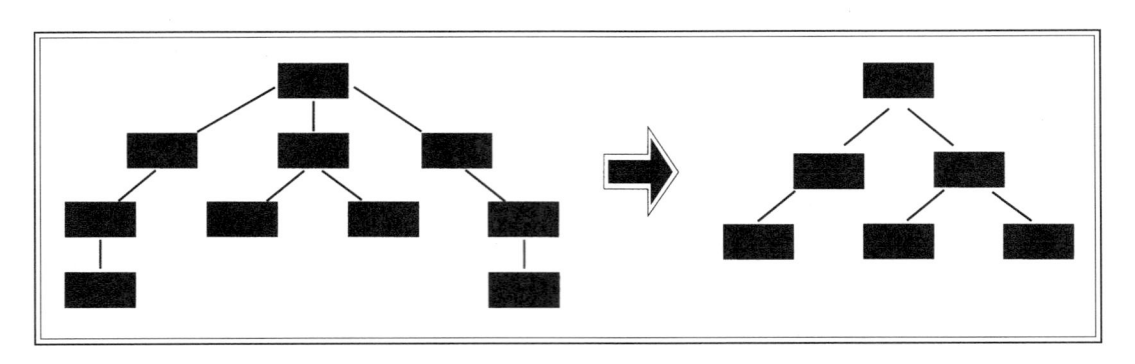

組織は「ダウンサイジング」「ライトサイジング（適正規模への縮小化）」を通じてリストラ中

激化する競争の影響

お気づきのとおり，ますますグローバル化していく市場で競争力を保つために，組織はコストダウンを絶えずおこない，きびしいコスト管理をする必要に迫られています。そのために，一時解雇（レイオフ）や組織のリストラが押し寄せてくることになってしまいました。その結果，多数の職務が無造作に姿を消してしまいました。そして，仕事の再配分・再設計を通じて，より少数の人びとでその仕事が遂行できるようになっていきました。

仕事上の新たな関係の形成

情報技術，なかでも「グループウェア」の創造的な活用に垣間みられるように，仕事と職務について，新たな考え方が生まれつつあります。* ひととひとのつながり方は，様変わりしつつありますし，また，まったく新たな種類の関係のあり方をあまねく模索する必要が出てきています。職務と役割の戦略的プランニングは，このような諸関係を何度も繰り返し評価し直していくのに使える，

---

* R. Johansen, et al., *Leading Business Teams* (Reading, MA: Addison-Wesley, 1991).

主要なツールとなるでしょう。

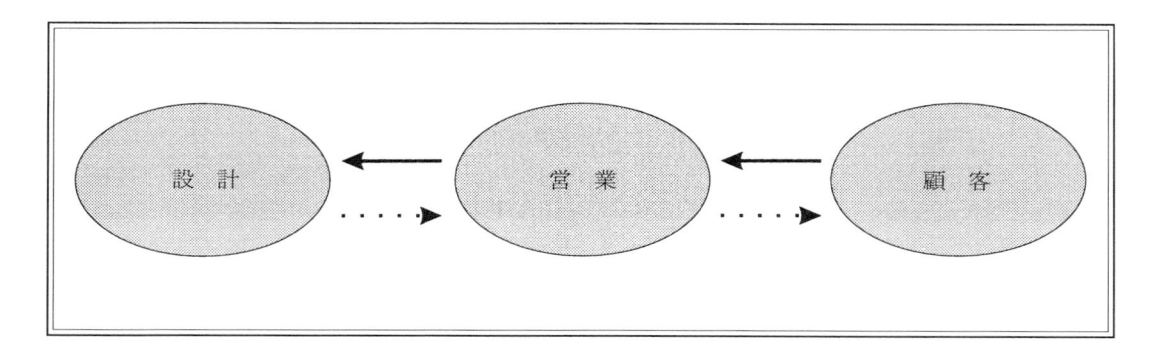

```
  設 計  ←  営 業  ←  顧 客
        ┄┄→      ┄┄→
```

グローバリゼーション，新技術，ライトサイジングによって，組織間の境界，職務間の境界，役割間の境界がゆるんでいく

　　組織レベルでは，多数の産業において，納入業者（サプライアー）（訳注：原材料，部品，その他輸送等の付帯サービスの供給者全般を指します。以下，サプライアーと表記），製造者，顧客の間の境界線がはっきりしなくなってきているのに，気づきます。* 顧客は，洗練された情報技術を活用して，会社の営業部門に直接アクセスし，どのようなタイプの製品やサービスを望んでいるのか詳しく指定して，価格や納期をコンピュータから即座に知ることができます。** このようなシステムがますますありふれたものになっていけば，資材担当や営業担当のひとの役割が今までよりはるかに曖昧なものになっていきます。サプライ・チェーンの効果が組織中をめぐりめぐって，注文処理，マーケティング，さらには設計や製造に及ぶまで，仕事の定義の見直しが必要とされるようになります。

オートメーションが職務上の役割に及ぼす影響

　　同時に，秘書の仕事から複雑な生産工程に至るまでなにもかもが自動化（オートメーション）されていくなかで，あらゆるタイプの職務で，手作業が減り，頭を使って概念的におこなわれる部分が増えてきました。*** オートメーションの製錬所，原子力発電所，製紙工場等々の組織で働く操作者（オペレータ）は，工場の運営について所長や工場長と同じくらいよく知っています。このことの結果として，新たな力関係

---

* T.A. Kochan and M. Useem, eds., *Transforming Organizations* (New York: Oxford University Press, 1992).
** S.M. Davis and B. Davidson, *2020 Vision* (New York: Simon and Schuster, 1991).
*** S. Zuboff, *In the Age of the Smart Machine: The Future of Work* (New York: Basic Books, 1988).

が生まれてきます。部下の知らないことを知っているというだけで生まれる権力が管理職にはなくなっていきます。だから，管理職の役割は，以前よりも曖昧なものになっていきます。管理職にとっては，つぎのふたつのことに気づくことが特に重要になってきています。ひとつは，彼らの下で働く製造現場の作業者との関係が，根本的に変化してしまっていることです。もうひとつは，それらの作業者たちが，役割ネットワークの中で以前よりもはるかに中心的な存在となってきていることです。

業　務
支　援

仕事が専門的に複雑になってくるので，サービスとスタッフの役割の社員がもっと増えるだろう

　自動化(オートメーション)の目的は，たいていの場合，要員数を減らすことですが，実際の導入結果は，人員を配置し直すだけに終わることがままあります。操作者(オペレータ)の必要人数は少なくなりますが，それを支援するサービス要員が増えます。業務遂行のための総費用は，結局のところ変わらないかもしれませんが，遂行される仕事の種類は，根底から変わっていくでしょう。したがって，異なるタイプの仕事をしている人びとの間の関係が，計り知れないほど変わっていくでしょう。作業を正しく実施していくうえで，操作者が即座に現場で判断する責任が増大しています。しかし，システムがきちんと作動し続けてコンピュータが「ダウン」しないようにするため，プログラマー，システム・エンジニア，メンテナンス担当のエンジニアの最終的責任も増大しています。経営層の機能としては，監視や統制よりも，調整や連絡役のウェイトが高まってきました。サービスを提供するスタッフの役割を果たす同輩は，これまで以上に，役割ネットワークの中でより中心的な位置を占めるようになっています。

概念を操る仕事が増え，職務間の境界と役割間の境界がゆるんでいくので，不安のレベルが高まるだろう

有機体として人間は，環境の中で一定レベルの予測可能性と安定性を必要としています。われわれは皆，創造性への欲求や刺激を求める欲求を持っています。でも，これらの欲求は，その背後にある安心，安定性，予測可能性という基盤と反するものであることをつい忘れがちです。*

組織はどんどん大きくなっていく競争からの圧力に直面し，職務はこれまでより概念的なものとなり，あらゆる職務における責任のレベルが高まっていくにつれて，組織のあらゆる階層で，ストレスと不安のレベルが増大していることに気づくことでしょう。** 手順を公式化して官僚制化を進めてしまうのは，このような不安に対する一種の防衛となっています。しかし，情報と知識の時代において遂行していかなければならないようなタイプの仕事では，柔軟さと革新(イノベーション)が要請されますので，その結果より多くの不安が生まれるのは避けられなくなっています。

不安の管理

経営層の役割として重要性が増してくるのは，高まる不安レベルを抑制しそれに対処していくことです。そこにどのような個人的なメカニズムや集団メカニズムが働いているのかまだ不明ですが，そうなっていくでしょう。ひとは，不安になると他の人びといっしょにいたくなるものです。だから，組織における集団の最も重要な機能のひとつは，不安をうまく皆で共有してそれを管理することです。集団やチームをどんどん重視するようになってきたのは，仕事がますます複雑にからみあってきたためだけではありません。それは，仕事に付随する不安のレベルが増大した結果であるかもしれません。

社会技術システムという概念（訳注：人間どうしの相互関係にかかわる社会システムと，ますます進歩していく技術システムとは，密接に関連しており，一方だけを取り出して最適化することはできないという考え方で，英国のタビストック人間関係研究所で提

---

* E.H. Schein, *Organizational Culture and Leadership*, 2nd ed. (San Francisco, CA: Jossey-Bass, 1992). （清水紀彦・浜田幸雄訳『組織文化とリーダーシップ——リーダーは文化をどう変革するか——』ダイヤモンド社，1989年，ただし原著第1版の訳）

** L. Hirschhorn, *The Workplace Within* (Cambridge, MA: MIT Press, 1988). （高橋弘司・渡辺直登訳『ワークプレイスの精神分析』亀田ブックサービスより刊行予定）; S. Zuboff, *In the Age of the Smart Machine: The Future of Work* (New York: Basic Books, 1988).

唱されました。両方のシステムの同時最適化をめざす作業集団の再編成の必要性が，多数の調査を通じて主張されています）が示されたのは何十年も前ですが，将来を見通すと，この概念は今まで以上に重要になっていきそうです。＊ ステップ１のネットワーク分析でおわかりのとおり，職務の社会的・政治的要素から技術的要素を分離することはできません。職務と役割に対する分析とプラニングが，集団で定期的におこなわれるならば，不安を低減するのに役立ちます。この点も指摘しておくべきでしょう。その理由のひとつは，従業員も管理職も，仕事の境界線が曖昧になっているためです。もうひとつの理由は，集団の場で，役割の過剰負荷や役割葛藤が生じていることに対する懸念について話し合えますし，同時に，それらの問題の解決をそこで目指すこともできるからです。

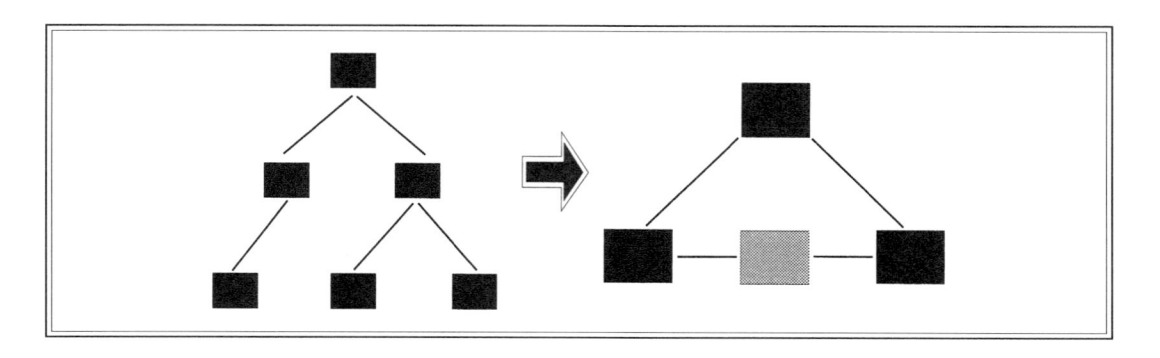

組織は，階層的な構造をフラット化し，従業員をエンパワーする

「ライトサイジング（適正規模への縮小化）」の過程で，組織は，つぎのようなことをおこなっています。

1．階層的な構造を見直す
2．よりフラットな構造に移行する
3．階層的序列よりも調整メカニズムをもっと利用する
4．多様な方法で，従業員へ「権限委譲する」(訳注：通常の委譲に当たる英語は，delegateですが，それと区別してempowerという語がよく使われるようになりました。先の訳注でもふれましたが，ただの委譲とエンパワーメントの違いは，ただ単に現場に近いところ，より若い層にまかせるだけでなく，まかせた相手に対して，励ましなどの心理的支援や情報・資源・応援などの状況的支援を同時に与え，現場や若手，さらにはミドル

＊ L.D. Ketchum and E. Trist, *All Teams Are Not Created Equal* (Newbury Park, CA: Sage, 1992).

の元気づけを主眼とする点にあります)。

プロジェクト方式の作業組織

　　プロジェクトを基盤に運営されるフラットな将来の組織では，権力と権限は，異なるプロジェクト・リーダーの間で回り持ちになっていきます。また，個々のプロジェクト・メンバーは，多数のプロジェクトにまたがって活動していくことになります。プロジェクトごとにリーダーも違います。だから，メンバーも自分の諸活動を調整していかなければならなくなっていきます。業務面での権限は，つぎからつぎへとプロジェクト・リーダー間で移行していくでしょう。個々の従業員は，気がつくと，同時に数名の上司の下で働いているかもしれません。また同時に，知識と情報がより広範に分布するようになってきます。そうなるにつれて，従業員が上司よりも業務についてよく知っているのは日常茶飯事になってきて，「事実上」従業員に権限が委譲（エンパワー）されるようになります。

階層序列の役割

　　階層序列というのは，人間システムにだいたい付き物となっています。だから，階層構造の機能が変わることはあっても，たぶんそれがまるごと破棄されることは，あまりないでしょう。* たとえば，公務員俸給表，法律事務所のパートナーの序列，その他の専門職の等級など，おおまかな階層上の区分は，おおまかながらもキャリアの進展を表わす機能をこれからも果たすでしょう。しかし，ある課題やプロジェクトに対して，だれが業務上の責任を持つのかに関しては，いい目印にはならなくなるかもしれません。人びとへの敬意や，実際にそのひとたちが行使する影響力の大きさは，形式上の序列よりも，業務であげる業績しだいというようになっていくでしょう。そして，階層序列は，組織生活の中心的な原理ではなく，必要だが付け足し程度のものにすぎなくなっていくでしょう。

権限と報酬

　　権力と権限は，そのひとがなにを知っているか，実績から見てそのひとがどのような技能をもっているか，によって決まってくるようになるでしょう。概念的知識の大半は目に見えるものではありません。だから，だれがなにを知っているのか，だれの考えがなにに関しては尊重されるべきなのかわかりにくく

---

* E.H. Schein, "Reassessing the 'Divine Rights' of Managers," *Sloan Management Review*, 30(3)(1989):63-68.

間違った認識が増えるでしょう。また，ひとによって食い違う認識も多くなることでしょう。その結果，権限と影響力の行使が一筋縄でいかない事態が，従来よりはるかに多くなるでしょう。さらにその結果，組織の中における不安のレベルが増大することになるでしょう。集まっていっしょに，職務と役割に対する分析とプラニングをすれば，この不安を抑制するのに役立ちますし，もっと重要なことなのですが，個々の職務のレベルを評価しようとしてきた従来の職務分析の限界を克服するのにも役立つでしょう。この点に関して，ある従業員がある時点で遂行している特定の職務と給与との結び付きは弱くなり，そのひとの形式上の序列，勤務年数，あるいはそのひとがもっている技能の数と給与とは，もっと強く結びついていくようになるだろうとおぼろげに将来を予測して心配するひともいます。

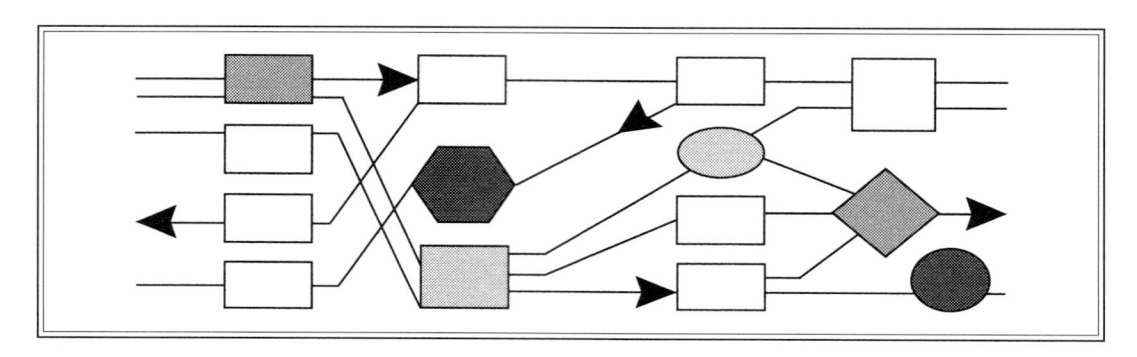

組織は，より高度に分化され，より複雑になりつつある

　取り組んでいるあらゆる分野で，技術が急激に成長しているおかげで，われわれが入手できる製品やサービスの数が増えつつあります。同時に，豊かさも増し，製品やサービスに関する情報が巷にあふれるようになるにつれて，消費者の要望もますますふくらんできています。したがって，組織は，もっと迅速に，もっと多様な形で，世界中のもっと多くの場所に，製品やサービスを届ける能力を開発することによって，これに対応していかなければならなくなりつつあります。*

＊ S.M. Davis and B. Davidson, *2020 Vision* (New York: Simon and Schuster, 1991).

ますます分化が進むスペシャリストの統合

　　　上記のことがもたらす主要な帰結のひとつとして，製品をつくり，サービスを提供する組織は，これまでよりも分化（訳注：differentiate, differentiation の訳語は，「分化する」，「分化」にして，「細分化する」，「細分化」とはしませんでした。その理由は，専門分野がどれもより細かくなったわけではないからです。多種多様な専門領域の数が，新たに生まれた領域も含め，どんどん増えていることを指しています。〈統合〉との対語という意味でも，〈分化〉と訳しました。かつてハーバード大学のP. R. ローレンスたちが分化と統合の概念を対で用いました）が進み，いっそう複雑なものにならざるをえません。さらにこのことが意味するのは，これまでに増して多種多様な職種のスペシャリストがうまく管理され，これらのスペシャリストたちの努力が，なんとか，全体として首尾一貫した組織の活動に結びついていかなければならないということです。

　　　これらのスペシャリストの多くは，互いに話し合う意欲をもっていませんし，またそうする能力もありません。このことから，彼らの努力の統合というやっかいな問題が生じてきます。＊ 会社のいろんな活動のうち，研究開発という一方の極で仕事をしている高度に特殊な設計のエンジニアのことを考えてみましょう。会社が投資している有価証券の組み合わせ（ポートフォリオ）を管理している財務分析の専門家，あるいは雇用均等法促進のための最近の立法の動きに関心を抱いている人事のスペシャリストと，この設計エンジニアとでは，共通の関心はほとんどありません。しかも，スペシャリストは，この3者だけではありません。ほかにも多数のスペシャリストが全体としての組織のあり方に大幅に貢献しています。分化されたスペシャリストの努力が統合されなければなりません（訳注：たとえば，EVAが導入されると，これまで分化したままの財務のスペシャリストと人事のスペシャリストが統合されなければなりません）。関連するあらゆるスペシャリストと管理職が利害関係者として互いに相手のことを意識するようになって，互いの期待に応えようとし始めなければ，このような統合はけっして生じません。

専門化（スペシャリゼーション）の進展がキャリア開発に及ぼす効果

　　　懸念はこれだけにとどまりません。このようなスペシャリストの多くが管理職に就くことができなかったり，あるいは管理職には就きたがらなかったりします。そのため，経営トップは，スペシャリストのキャリア開発のことが気が

＊ E.H. Schein, *Organizational Culture and Leadership*, 2nd ed. (San Francisco, CA: Jossey-Bass, 1992).（清水紀彦・浜田幸雄訳『組織文化とリーダーシップ——リーダーは文化をどう変革するか——』ダイヤモンド社，1989年，ただし原著第1版の訳）

かりで，彼らのためのキャリア開発計画を立案し始めています。* このような計画は，これらのスペシャリストの仕事の場となっている役割ネットワークを明瞭に理解することなしには，そして，これらのスペシャリスト従業員を自分自身のキャリア開発に巻き込むことなしには，けっしてうまく立ち上がらないでしょう。

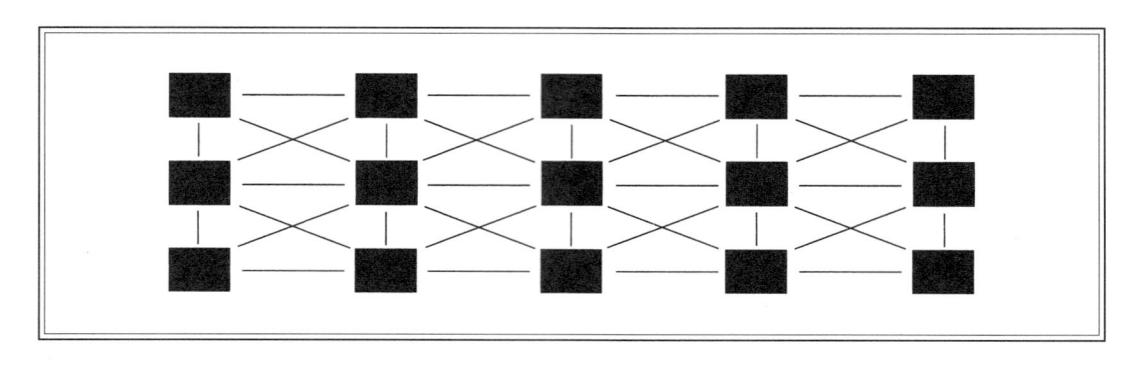

組織の下位単位は，独立性を増しつつある

調整と統合の必要性が増大

　　　　　一定の期間の間に複雑な製品やサービスを効果的に生み出すために，調整・統合が必要です。組織には下位の専門分野が多数あります。それが同時点でもまた継時的にも多様な形で相互に依存し合っています。それらの下位分野も調整され統合されなければなりません。たとえば，財務部門が会社のキャッシュフローにおける資金供給をうまく管理していなかったら，増資機会も，研究開発機会も乏しくなってしまいます。他方で，生産技術面の設計でコストを抑えるために品質要件のいくつかを犠牲にすると，結果として顧客から苦情が出て会社の評判が低下するかもしれません。また，その結果として，増資に必要な借り入れを可能にする会社の信用力が低下してしまうこともあるでしょう。この意味において，生産技術と財務とは，それぞれが高度に専門化されていて，直接互いに接することはないかもしれませんが，両者は高度に相互依存しあっているのです。

　　　　　継時的に相互依存している状況は，もっとありふれています。研究開発部門

---

* E.H. Schein, *Career Anchors: Discovering Your Real Values* (San Diego, CA: Pfeiffer and Company, 1993).（金井壽宏訳『キャリア・アンカー──自分のほんとうの価値を発見しよう──』白桃書房，2003年，本書の姉妹編）

が製品コンセプトまたは試作品をきちんと開発していなければ，生産技術部門も製品やサービスを設計することができません。つぎに，今度は，生産技術部門が製造しようのない設計をしてしまったら，製造部門はその製品を生産することができません。販売しようにもあまりにお粗末な製品しかなければ，販売・マーケティング部門も仕事になりません。もちろん，マーケティング部門が将来の顧客ニーズをわかりやすく教えてくれなければ，研究開発部門も製品コンセプトをうまく詰めていくことができません。また，製造部門で生じる工程革新によって，どのようなタイプの新製品が思い浮かんでくるか，また実現可能な製品にしていけるのか，も問題です。工程革新の進展によって，マーケティング部門や生産技術部門も影響を被ることが多いのです。

　このようなタイプの相互依存関係がこれまでもずっと組織の中に存在してきました。しかし，専門化の程度が進むにつれて，相互依存の度合いが高まっていきます（訳注：職能間にまたがるクロスファンクショナル・チームが注目されるようになったのはこのことにかかわります）。その理由は，最終製品やサービスは，複雑さを増し，その要素のどれが機能不全になっても台無しになってしまうようになっているからです。コンピュータ関連の製品やサービスにこのことが最もはっきりと現れています。まず第1に，ハードウェアとソフトウェアが適切に設計されていなければなりません。つぎに，それらがともに，エンド・ユーザーとコンピュータ・システムの間のインターフェースとなってくれそうないろんなスペシャリストたちを介して，実用に耐えるものになっていかなければなりません。いろんなスペシャリストが全員一丸となって職務をしっかり遂行しなければ，サービスや製品の全体がだめになってしまうかもしれません。

相互依存関係を明らかにする

　　職務と役割に対する分析とプラニングは，役割ネットワークの分析と中心的な利害関係者の識別を通じて，相互依存関係を見つけ出すために考案されたものです。この分析をしてみていちばんびっくりするのは，同時に考慮に入れなければならない利害関係者の数がいかに多数かという点です。そして，将来を展望すれば，その数はさらに多くなっていきそうです。そうすれば，複数の利害関係者の期待に対処していくのに必要な技能は，組織の業績向上に対して，ますます中心的な役割を果たすようになります。*

---

* S.A. Rosell, ed., *Governing in an Information Society* (Montreal, Quebec: Institute for Research on Public Policy, 1992).

組織風土は，より共創的で協力的になりつつある

　　　増大する相互依存関係が高まったという認識の影響でいろんなことが生じます。なかでも，組織の部門間，個人の間の競争が激化するというマイナスの影響があります。だからこそ，チームワークや共創的・協同的関係が，職務をこなしていく上で，必要性を増しています。競争が望ましいという市場重視の哲学が組織外にはありますが，この変化の趨勢はこの哲学とは対立しています。しかし，組織間の関係では競争的であり続けたとしても，組織内の適応には共創や協力が必要なものだと考えられるようになってきています。

組織間の共創（コラボレーション）

　　　もし，この変化の趨勢が世界中で見られるようになってきているのなら，政治的な理由によってではなく，技術的な必要性にもとづく実際的な理由によって，組織間にも共創（コラボレーション）が生まれつつあります。そのことを示す証拠が増えつつあるのにわれわれも気づき始めています。共産主義や社会主義の経済が目指してきた集権的な計画によって，より高度の調整が達成されるわけではありません。そうではなくて，もっと広範に情報を流布させて，分権化をさらに進めることによって，それは達成されるでしょう。それが達成されれば，多様な組織単位が互いに調整し合っても大丈夫だということです。しかし，調整が自主管理されるようになるためには，情報が広く入手可能にならなければなりません。そればかりでなく，そのシステム内のあらゆる行為者が，そのシステムにおける自分の役割を読み取っていかなければなりません。同じ情報でも，いろんな具合に形を変え，違った解釈がなされることがあります。共創と協同がうまくいくためには，共通の認識枠組みができあがっていなければなりません。また，その過程で組織の成員は，集団やチームで活動する場面

にもっと参加していなければなりません。共通の認識枠組みを構築することはまた，リーダーシップの主要な課題のひとつになっていくでしょう。*

競争的環境から共創的環境への移行

これまで自分のキャリアを非常に競争的な環境の中で形成してきたため，共創的な関係を支援する組織的手順を再設計しうるだけの対人関係能力が欠けている管理職がいますが，このようなひとたちに対して，この変化の趨勢は特有のジレンマを突きつけているのです。口先では「チームワーク」が大事だと言うけれども，日々の行動の様式を見ていると，チームワークという考え方について理解がなくそれを支援していないことが明瞭に見て取れるような多数の管理職に，わたしは出会ってきました。予測どおりの結果ですが，このようなひとが口先では「チーム」と言っても，まったくチームらしく機能しないものです。でも，残念ながら，管理職もその部下も，つぎのように誤った結論をそこから引き出すかもしれません。つまり，チームワークという考え方を実施するやり方がまずくてうまくいかないだけなのに，チームワークという考え方そのものが間違っていると結論してしまうことです。自分が属するネットワークの性質がよくわかれば，職務のやり方も改善されるものです。だからこそ，職務と役割のプラニングというエクササイズをチームの場面で実行すれば，そのこと自体が，チームづくりに重要な機能を果たすことになるのです。

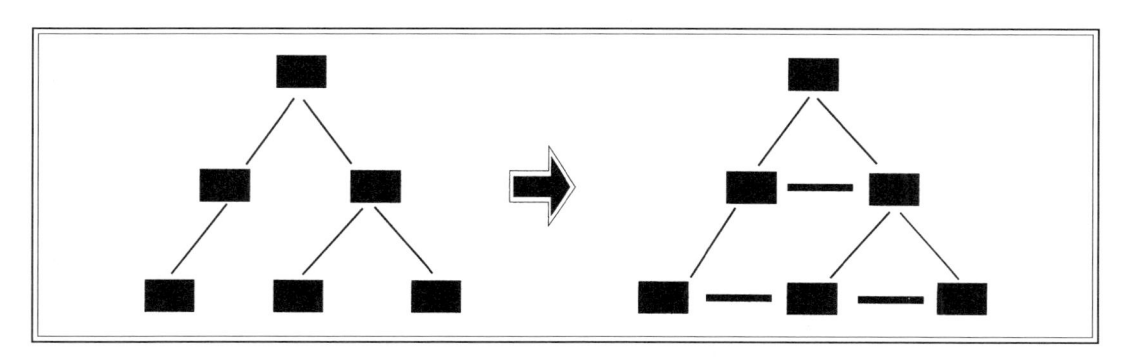

---

* S.A. Rosell, ed., *Governing in an Information Society* (Montreal, Quebec: Institute for Research on Public Policy, 1992).; E.H. Schein, *Organizational Culture and Leadership*, 2nd ed. (San Francisco, CA: Jossey-Bass, 1992). (清水紀彦・浜田幸雄訳『組織文化とリーダーシップ——リーダーは文化をどう変革するか——』ダイヤモンド社，1989年，ただし原著第1版の訳)

組織ではヨコ向きのコミュニケーション経路が大事になりつつある

　　より共創(コラボレーティブ)的な関係が必要になってくれば，そのこととの関連で，タテの階層間ではなくヨコ向きの情報の流れが，いろんな専門分野のスペシャリストの間で生じる必要があります。たとえば，一部の会社では，製品開発部門とマーケティング部門を地理的に近接したところに置いてます。そうすれば，経営のトップ層に頼んで，マーケティング上の課題を開発要員向けに噛み砕いて説明してもらわなくても，両部門が直接的に接触するようになってきます。おそらくエレクトロニクスのように複雑な産業では，顧客も営業担当もマーケティング専門家も皆，ゼネラル・マネジャー（訳注：事業部長，統括部長クラスのひとたち）よりもこの事業の専門的な側面により詳しいはずです。だから，使いやすい製品やサービスを生み出していくためには，これらのひとたちが，デザイナーやエンジニアと直接に接触できるようにしてあげなければなりません。

　　ジェイ・ガルブレイス＊が自信たっぷりに主張してきたことをつぎにみてみましょう。組織が情報処理をおこなう必要性(ニーズ)は，課題の複雑性と環境の不確実性から生じます。実際のところ，この情報処理のニーズによって，組織構造のあり方は大きく左右されるのです。ガルブレイスの主張によれば，階層序列構造でもなんとか間に合うのは，課題の複雑性も環境の不確実性もかなり低くおさまっている場合にすぎないのです。複雑性と不確実性が増大していくにつれて，プロジェクト・チーム，タスク・フォース，一時的(アドホック)な委員会，職能横断的な組織単位，マトリクス管理機構などに見られるようなヨコの関係中心の構造が，増えてきます。

ヨコ向きのコミュニケーションへの移行

　　事業をますます複雑にしていく原動力は，技術的な可能性と顧客からの要望です。それに対して組織が適応していけるのは，情報技術があればこそです。調整，統合，純粋なチームワークを可能ならしめるヨコ向きのコミュニケーションが生まれるおかげで適応できているのです。

　　管理職のひとたちは，ひたすら階層序列の原則と指揮系統の原則にこだわった組織状況でもっぱらキャリアを歩んできました。そのため，彼らは，この点でも慣れない状況に直面しています。「伝統的」組織では，命令系統外の人び

＊ J. Galbraith, *Designing Complex Organizations* (Reading, MA: Addison-Wesley, 1973). （梅津祐良訳『横断組織の設計』ダイヤモンド社，1980年）

ととのコミュニケーションはいけないことで，そのせいで罰せられることもありました。組織における報酬システムや組織風土もヨコ向きのコミュニケーションを奨励する方向に変えていかなければなりません。それだけでなく，管理職のひとたちも，ヨコの関係中心の構造を編み出して，それをうまく運営できるように，しかるべき訓練を受けなければならなくなるでしょう。職務と役割のプラニングをおこなえば，中心的な利害関係者の多くはタテの関係でつながる上司や部下ではなくなっており，相互依存しながらヨコ向きにつながる同輩同士の多様な関係になっていることが描き出されます。だから，職務と役割のプラニングは，このような変化の趨勢をさらに促進していくことになるでしょう。

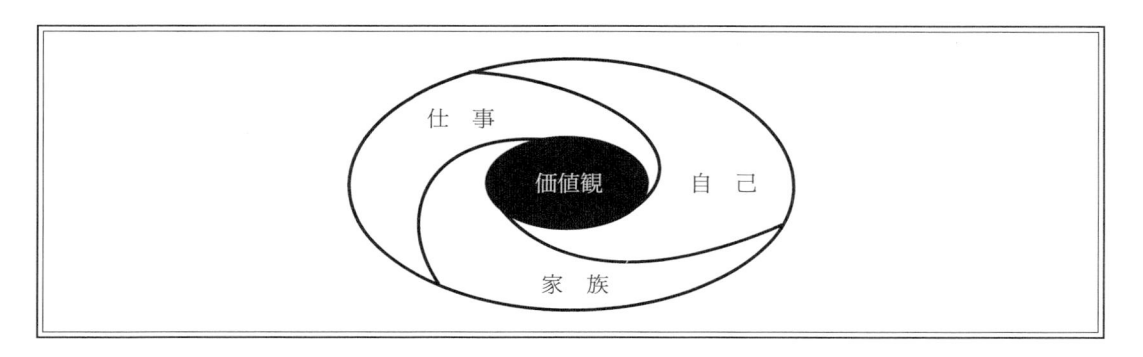

[図：仕事・自己・家族が価値観を中心に渦を巻く図]

家族，自己，および仕事に関する社会文化的価値観が変化しつつある

この項目では，米国で観察されている変化の趨勢に主として言及していきます。

忠誠心と権限という伝統的な考え方から個性重視の考え方へ

職位が高く年齢が上で先任権のあるひとほど，組織への忠誠心がたかく，そのようなひとの権限なら皆に受け入れられやすいと伝統的には考えられてきましたが，そのような考え方は，あまり尊重されなくなってきました。個人主義や，組織に対する個人の権利が，重視されるようになっています。人びとは，つぎにあげるようなことを，ますます強く要望するようになってきています。

── 自分が遂行すべき課題が意味のあるもので，才能を開花させる挑戦や機会をもたらしてくれること。
── 個人が少数民族に属する場合や，あるいは性別，年齢，身体障害，宗教，民族的出自などといった恣意的な基準によって差別されそうな場合に特に

要望されることですが，個人の権利がきちんと擁護されること。
——自分たちに影響を与えるような決定に対しては，ある程度発言力をもてるようになること。

このことがきっかけとなって，産業民主主義，参画型管理，職務設計や本社での意思決定に対する従業員参加などが，いろんな形で芽を出し成長しています。先に指摘しましたように，人びとを雇用している組織の側の観点からは，趨勢として業務上の課題の専門化が進んでいるほど，従業員参加の意味ははっきりします。多種多様な意思決定に対して，中心的な情報を握っていて，健全な意思決定をするためにぜひとも参加してもらうべきは，作業者なのです。だから，従業員の「現場への権限委譲（エンパワーメント）」が流行と言ってよいほど人気を博しているのです。

「成功」を測る物差しとして重宝されなくなってきた仕事

人生全体の関心事は，仕事やキャリアだけではなくなってきています。昇進して組織の中で階層序列を昇ることに対しても，「成功」の唯一の尺度としては，あまり価値をおかなくなってきています。

——仕事，キャリア，家族，および自己啓発のすべてをそれなりに大事にして，バランスがとれた生活を送ることにより大きな価値がおかれつつあります。
——「成功」しているかどうかは，勤務先の組織に対してだけでなく，家族，地域社会，あるいは自己に対しても，才能を遺憾なく発揮し貢献できているかという観点から見定められるようになってきました。

キャリアの基盤には，異なるキャリア・アンカー（訳注：組織や仕事を変えていっても，その根底においてキャリアを貫いてそのひとを特徴づける拠り所のことを指します。船の錨になぞらえて，キャリアの投錨先という意味で，キャリア・アンカーと名づけられました。そのタイプは，後述のとおりですが，詳しくはシャインの本『キャリア・ダイナミクス』（白桃書房）の第10章，第11章，第12章，および本書の姉妹編『キャリア・アンカー——自分のほんとうの価値を発見しよう——』（白桃書房）を参照してください）があります。成功や前進の尺度は，そのひとのキャリア・アンカーが指向性としてどこに所在しているかによって違ってきます。その指向性のタイプとしては，全般管理能力，専門能力，保障・安定，自律・独立，起業家的創造性，奉仕・社会貢献，純粋な挑戦，ライフスタイル（生活様式）などのアンカーがあります。*

性別にかかわる役割の見直し

　　仕事と家庭において，男女の性別に応じて果たすべき役割が異なるという伝統的な考え方は，すたれつつあります。キャリアと仕事の領域では，男性と女性の間の雇用機会を均等にしていく方向での変化の趨勢を目にしてきました。この趨勢によって崩れさったものがあります。仕事にかかわる紋切り型の性役割が崩れました（たとえば，以前より多数の女性がエンジニアリングの世界に入るようになりましたし，より多数の男性が看護に携わるようになりました）。同様に，家庭での役割にかかわる紋切り型の性役割も崩れました（たとえば，以前より多数の女性が，家計の「大黒柱」になりつつありますし，より多数の男性が，家庭に入って主夫となり，育児，炊事や掃除をしています）。現代の社会は，男性と女性が仕事，家庭での役割やライフスタイルに新風を追求するに際しての選択余地が広がりつつある社会なのです。＊＊ なかでもふたつの大きな変化が見られますが，それは，夫も妻もキャリア開発に本気で取り組む「共働き」家庭と母子（父子）家庭の増大です。これらの変化によって，新しい人事方針に磨きをかけるように組織の方も変化を迫られています。また，育児のための新しい選択肢を開拓していくように社会制度の方も変化を迫られています。

　　職務と役割のプラニングにおける最も重要な要素のひとつは，配偶者もしくは恋人（訳注：significant others の訳ですが，この２カテゴリーだけでは十分でなく，当人が大切と考える内縁の妻や同性愛の対象者も含まれるでしょう），子供，友人を，役割ネットワーク内に存在する中心的な利害関係者として位置づける点にあります（訳注：第３章のステップ１の分析において，仕事で直接的につながっているひとばかりでなく，生活全般において自分にとって重要なひとをネットワーク分析に含めている点を指しています）。「共働き」家庭と母子（父子）家庭が見慣れたものになっていくにつれて，家庭の中まで複雑に重なり合った役割ネットワークが現れるようになります。それに応じて，仕事と家庭の両面で，今よりもっとうまく適応するためには，より複雑な解決案が望まれるようになっていくでしょう。＊＊＊

＊ E.H. Schein, *Career Anchors: Discovering Your Real Values* (San Diego, CA: Pfeiffer and Company, 1993). （金井壽宏訳『キャリア・アンカー――自分のほんとうの価値を発見しよう――』白桃書房，2003年）。なお，本文中のキャリア・アンカーの内容の説明における括弧内の補足は，訳者がおこなったものです。
＊＊ L. Bailyn, "Accomodation of Work to Family", in *Working Couples*, R. Rapoport and R.N. Rapoport (New York: Harper and Row, 1978).; L. Bailyn, "Changing the Conditions of Work: Implications for Career Development," in *Career Development in the 1990's: Theory and Practice*, ed. D.H. Montross and C.J. Schinkman (Springfield, IL: Thomas, 1992).
＊＊＊ L. Bailyn, *Breaking the Mold* (New York: Free Press, 1993).

環境への関心とバランスをとりながらの経済成長

　　人びとは，経済成長にあまり価値をおかなくなってきていますが，自分たちが生きている環境の質を保全し保護するのに，相対的により大きな価値をおくようになりつつあります。技術のもたらす影響を評価することが，われわれの社会での主要な活動のひとつとなってきました。もし環境が危機に瀕するようなことがありそうならば，経済的に停滞した地域でも開発をやめさせるのにやぶさかでないという事例が増えてきました（たとえば，超音速旅客機の開発が好まれず，既存の超音速旅客機についても空港への発着に難色が示されること，高速道路の建設が都市の真中で途切れて突然終わってしまっていること，新しい石油精製所の建設が拒否されることなど）。しかし，1990年代初期に目にしてきたように，景気がわるいと経済成長の価値が再度浮上してきて，環境保護の要求と職務を生み出せという要望の間で対立が出始めます。

　　これらの価値観の変化や価値観の対立は，新しい状況を生み出しました。われわれの社会において分野が違えば提供される刺激誘因も報酬も以前よりはるかに多様になってきていますので，その結果として，人びとを取りまとめるのがはるかに難しい状況になりました。これがもっとも明瞭に見て取れるのは，組織の中の世代ギャップに関してです。一方で，今でも「プロテスタンティズムの仕事倫理観」に従って働いている年配の管理職や従業員，他方で，恣意的な権限，無意味な仕事，組織への忠誠心，拘束の多い人事方針，さらには根本的な企業目的や企業ならではの特権などに疑問を抱く若手の従業員の間に，そのような世代ギャップが生まれています。

　　選択権が増えて選択肢の幅が広がるにつれて，また管理職のひとたちも成功への伝統的な倫理観に疑問を抱き始めるにつれて，以前にも増して，つぎのような行動がもっとよく見られるようになってきています。

　── 昇進や転勤を思いきって拒否する
　── 仕事以外の趣味や家族との団欒を追求して，喜んで「退職する」
　── 経営幹部候補へのキャリアをやめてでも，正式な階層序列における職位や給与とは違う別の基準から見ればやりがいも報いも多いと本人が考える「第２のキャリア(ハイポーテンシャル)」を追求していく。

　　このような管理職が増えているのですが，このことすべてが明日の管理職に対して意味していることは，彼らが将来管理していく世界は今よりはるかに「多元主義的な」世界ということです。そこは，あらゆるレベルの従業員にとって選択余地が増え，そこから従業員が実際に自分なりの選択をおこなってい

るような世界だということです。管理職のひとたちは，出会う先々の部下，同輩，上司が抱く個人的な欲求の幅の広さや多様性にうまく対処できるだけの柔軟発想をもたなければなりません。さらに，柔軟発想のみならず，つぎの領域に関して，組織の方針に対して影響力を行使する方法も学んでいかなければならなくなっていくでしょう。

— 採用
— 仕事の割り当て
— 給与制度と福利厚生制度
— 勤務時間と週あたりの勤務日数
— 夫婦ともに雇用されているカップルに対してとるべき態度
— 今よりはるかに大きな規模での教育活動への支援

　これらすべての課題に関して，管理職のひとたちは，以下に述べる数名の利害関係者の間での綱引きの中心に位置することになっていくのです。

—（性別，年齢，人種，その他の特性にもとづく）差別，環境問題，職場での安全の問題に関しては，政府機関との間に立つ
—男女同権，環境保護，製品の品質と安全性，その他の消費運動に関しては，地域社会の利益集団との間に立つ
—能率よく収益につながる業務，および投資への公正な見返りを切に望む株主との間に立つ
—多様性，迅速な配達，高品質，よりすぐれたサービスへのニーズの増大という点に関しては，消費者との間に立つ
—競合他社との間に立つ
—労働生活の質の向上，柔軟な企業方針の創出，やりがいや意味のある仕事の提供，「企業市民（コーポレート・シチズン）」としての責任を気にかけている（組合員であるにせよ，そうでないにせよ）従業員との間に立つ
—バランスのとれた生活を維持したいというニーズからは，家族と自己の間に立つ

　役割曖昧性，役割過剰負荷，役割葛藤は，慢性的に生じていますので与件として受け入れざるをえません。異なる利害関係者を相手に，優先順位を立てたり交渉したりする過程は，一度やれば解決済みというような活動ではなく，絶え間なく続く活動になっていくのがふつうでしょう。あらゆる種類の境界の線

引きが定まったかと思うと絶えず見直され，これらの線引き活動にまつわる不安のレベルは，ときには非常に高まっていくでしょう。一方で，グローバル化に起因する国際的な緊張の高まりの中に，他方で，（分断された単位では新たな国家として生存するのが困難になりそうな場合でさえ，それでも）国家が文化や民族によって分断されていく中に，このような動きが明らかに見てとれます。

将来

　ここまで述べてきた変化の趨勢そのものは，定まっているものではありません。実際のところ，過去20，30年の間に学習したことがなにかあるとするならば，それはわれわれの予測力が急激に低下しているということです。「驚き」を管理することが日々の風潮となっています。たとえば，われわれは，アジア諸国の経済圏（とりわけ中国），あるいはヨーロッパ経済共同体の将来の行動が，経済的にどのような影響をもたらすかについて，ほんとうのところ予測できません。かつて社会主義や共産主義だった諸国が政治的・経済的に再び生存可能な状態になっていくスピード，また，そうなったときにそのことがグローバルな舞台にもたらす影響がどのようなものであるのかについても，予測できません。

　情報技術やバイオテクノロジーによって，低コストの製品やサービスが生み出され，そこから根本的な変化が仕事の性質，組織の性質，生活そのものの性質に生じていくことになるでしょうが，われわれにはその変化のスピードを予測できません。バイオ工学に潜んでいる潜在的な倫理的問題にはたじろいでしまいます。

　政治面の第一線では，グローバル化への動きと，より小規模で民族的にはより純化された諸国への分割化をめざす動きとが同時に存在していますが，このような変化の趨勢がどのような結果をもたらすのか，われわれには予測できません。本書を執筆している今，セルビアとボスニアとの対立，イスラエルとパレスティナとの対立，飢餓に苦しむ諸国への援助において，米国や国連が果たす役割がはっきりしませんし，予測できません。北朝鮮と他の国々との対決姿勢が核拡散にどのような悪影響を及ぼすか，また，アフリカ中で内戦が始まったらどうなるのか，われわれは予測できません。

　米国の国内を見ても，赤字予算はどうなっていくのか，医療サービスは受けやすく改善されたものの医療費用はどのようにして収拾がつくのか，教育制度はどのようにして活性されていくのか，大都市スラム街の人種がらみの問題は

どのようにして解決されていくのか，これらの問いについても，われわれは予測できません。現行の統治機構はパンク寸前で，われわれが直面する問題にうまく対応できない可能性があります。

　これらすべてのことが意味していることは，われわれが絶えざる学習者にならなければならないということです。ますます多数の観察者や分析家が指摘するように，将来を左右するのは学習能力でしょう。＊ もし予期しない変化に対処できず，問題を捉える新たな方法や新しい対応の方法を編み出せなかったら，効果的に振る舞えなくなっていくでしょう。究極的には，動態的 (ダイナミック) な手法，絶えざる変化と共存するための学習，必要なものを見つけ出す診断能力の開発，といった要因の重要性がますます高まるでしょう。

　職務と役割に対する分析とプラニングに立ち返るわけは，動態的な手法が必要になったからなのです。このような考え方を突き詰めていきますと，極端な言い方かもしれませんが，実質的には職務と役割のプラニングは，経営管理過程の中核をなすような不断の活動になっていくべきなのです。新たなプロジェクトや新たな任務に就くときにはいつも，その長となる管理職と部下との間で，簡潔版でいいですから，職務と役割のプラニングを実施すべきです。そうすれば，なにをする必要があるのか，だれを巻き込む必要があるのか，について皆の意見の一致を見ることができるでしょう。職務記述書は，環境状況の変化に応じて組織の仕事が変化していくにつれ絶えず交渉の中で何度も見直されていく動態的な文書 (ドキュメント) になっていくでしょう。

　職務と役割のプラニングを絶えず実施するには，組織成員の間で，とりわけ管理職とその部下たちとの間で，もっと密な相互接触が必要となってきます。一方で，このような会合が増えると，時間をとられ欲求不満を増大させてしまいます。でも，逆説的なことに，このような上司と部下たちとの会合こそが，将来の職務や役割がいっきにもたらしてしまう不安の増大に対処する最良の方法なのです。職務と役割のプラニングは，互いを思いやりながら役割を何度も交渉を通じて見直す機会をもたらし，不安を低減してくれます。同時に他方で，われわれのニーズを満たし組織の要望も満たすために，なにをおこなうのが最良なのかの理解に関しても，交渉を通じて頭の中がすっきりしていきます。

＊ D.N. Michael, "Governing by Learning in and Information Society," in *Governing in an Information Society*, ed. S.A. Rosell (Montreal, Quebec: Institute for Research on Public Policy, 1992).; S.A. Rosell, ed,. *Governing in an Information Society* (Montreal, Quebec: Institute for Research on Public Policy, 1992).; T. J.Peters, *Thriving on Chaos* (New York: Knopf, 1987).; P.M. Senge, *The Fifth Discipline* (New York: Doubleday Currency, 1990). (守部信之訳『最強組織の法則──新時代のチームワークとは何か──』徳間書店，1995年)

第9章

結論と含意

　組織がうまく業績をあげて，個人も生産的で満足のいくキャリアを歩むことができるのは，究極的には，組織がもつ絶えず変化する要望(ニーズ)とキャリアを歩む個人の抱く絶えず変化する欲求(ニーズ)の両者をうまくマッチングする過程の結果です。変化のスピードが速くなるにつれて，このマッチングという挑戦課題も以前にも増して困難になりそうです。

　キャリアを歩む個人は，自分のキャリアや職務になにを求め望んでいるのか知る責任があります。このことに関する洞察は，経験や体系的な自己診断から生まれるものです。われわれは皆，自分のキャリア・アンカーがなんであるのか知っておくべきです。それを知っていれば，職務の機会や選択肢から決断を迫られたときに，適切な選択をして，組織ともっともうまく交渉することができます。それでは，組織の側の責任はどこにあるのでしょうか。

　組織の要望(ニーズ)を満たすためには，なすべき仕事がなんであるのかを把握しなければなりませんが，組織の側はそれをうまくやってこれなかったと，わたしは思っています。それをうまく把握しているときでさえ，組織の側は，その要望(ニーズ)と期待を人びとにうまく伝えてこれたとも思えません。

　職務と役割の戦略的プラニングの主要な目的は，仕事に関する計画と診断の手順を改善し，診断結果をその職務に就く当人に伝える手順も改善する点にあります。換言しますと，仕事についての情報やキャリアの選択肢が，不十分で表面的で不正確ならば，個人は仕事をうまく遂行できないし，キャリアの選択もうまくできなくなってしまいます。

組織は抽象的な存在ですが，個々の従業員はそうではありません。あらゆる従業員（管理職のひとたちを含め）は，自分の基本的職務の一環として，自分自身の仕事，自分の上司や部下の仕事，自分の周りにいるひとたちの仕事について，しっかりと理解していなければなりません。また，その仕事を遂行していく部下，同輩，上司に自分の理解をきちんと伝える技能をもたなければなりません。仕事に絶えざる変化がある限り，従業員も絶えず，自分が責任を担う活動や，自分にもかかわってくる活動についてよく考え，計画を練らなければなりません。本書で提示されたエクササイズは，そのような計画を手助けするように設計されています。したがって，それは，個人の欲求(ニーズ)と組織の要望(ニーズ)をともに満たす過程で必須のツールでもあります。

文　献

Allen, T.J. *Managing the Flow of Technology*. Cambridge, MA: MIT Press, 1977.（中村信夫訳『"技術の流れ"管理法――研究開発のコミュニケーション――』開発社，1984年）

Bailyn, L. "Accommodation of Work to Family," in *Working Couples*, R. Rapoport and R.N. Rapoport. New York: Harper and Row, 1978.

―――. *Breaking the Mold* (New York: Free Press, 1993)

―――. "Changing the Conditions of Work: Implications for Career Development," in *Career Development in the 1990s: Theory and Practice*, ed. D.H. Montross and C.J. Schinkman. Springfield, IL: Thomas, 1992.

Davis, S.M. and B. Davidson. *2020 Vision*. New York: Simon and Schuster, 1991.

Davis, S.M. and P.R. Lawrence. *Matrix*. Reading, MA: Addison-Wesley, 1977.（津田達男・梅津祐良訳『マトリックス経営――柔構造組織の設計と運用――』ダイヤモンド社，1980年）

Galbraith, J. *Designing Complex Organizations*. Reading, MA: Addison-Wesley, 1973.（梅津祐良訳『横断組織の設計』ダイヤモンド社，1980年）

Hirschhorn, L. *The Workplace Within*. Cambridge, MA: MIT Press, 1988.（高橋弘司・渡辺直登訳『ワークプレイスの精神分析』亀田ブックサービスより刊行予定）

Johansen, R., et al. *Leading Business Teams*. Reading, MA: Addison-Wesley, 1991.

Ketchum, L.D. and E. Trist. *All Teams Are Not Created Equal*. Newbury Park, CA: Sage, 1992.

Kochan, T.A. and M. Useem, eds. *Transforming Organizations*. New York: Oxford University Press, 1992.

Michael, D.N. "Governing by Learning in an Information Society," in *Governing in an Information Society*, ed. S.A. Rosell. Montreal, Quebec: Institute for

Research on Public Policy, 1992.

Peters, T.J. *Thriving on Chaos*. New York: Knopf, 1987.（平野勇夫訳『経営革命』TBSブリタニカ，1989年）

Rosell, S.A. ed. *Governing in an Information Society*. Montreal, Quebec: Institute for Research on Public Policy, 1992.

Savage, C.M. *Fifth Generation Management: Integrating Enterprises Through Human Networking*. Maynard, MA: Digital Press, 1990.

Schein, E.H. *Career Dynamics: Matching Individual and Organizational Needs*. Reading, MA: Addison-Wesley, 1978.（二村敏子・三善勝代訳『キャリア・ダイナミクス』白桃書房，1991年）

―――."Reassessing the 'Divine Rights' of Managers," *Sloan Management Review*, 30 (3) 1989: 63-68.

―――. *Career Anchors: Discovering Your Real Values*. San Diego, CA: Pfeiffer and Company, 1993.（金井壽宏訳『キャリア・アンカー――自分のほんとうの価値を発見しよう――』白桃書房，2003年）

―――. *Organizational Culture and Leadership*, 2nd ed., San Francisco, CA: Jossey-Bass, 1992.（清水紀彦・浜田幸雄訳『組織文化とリーダーシップ――リーダーは文化をどう変革するか――』ダイヤモンド社，1989年，ただし原著第1版の訳）

Scott-Morton, M.S. ed. *The Corporation of the 1990s*. New York: Oxford University Press, 1991.（宮川公男・上田　泰監訳『情報技術と企業変革――MITから未来企業へのメッセージ――』富士通ブックス，1992年）

Senge, P.M. *The Fifth Discipline*. New York: Doubleday Currency, 1990.（守部信之訳『最強組織の法則――新時代のチームワークとは何か――』徳間書店，1995年）

Zuboff, S. *In the Age of the Smart Machine: The Future of Work*. New York: Basic Books, 1988.

訳者あとがき

　この本は読むだけの本ではなく，鉛筆をもって考え，そして作業しながら仕事にまつわる変化を読み取り，将来の計画を練るためのツールです。エクササイズの結果はいかがでしたか。自分のおかれた仕事の場面についての理解が深まったでしょうか。ここでは，訳者あとがきとして，本書のようなツールがもつ意味を，日本での事情，原著者の考え方との関連において補足しておきたいと思います。本文を読み終える前に，ここを読んでいる方もおられるでしょうが，あわてないでまずエクササイズに取り組んでください。

　さて，現代は組織との付き合いのなかで生活することの多い組織社会です。接する組織は，当然，学校，病院，役所など多種多様ですが，接している時間の長さからすれば，やはり勤務先の組織に及ぶものはないでしょう。だれもがそこでいい仕事をしたいと思っていることでしょう。そのためには，個人の望むことと組織の要望の両方を見据える必要があります。

　もっとも，今では組織に属さずにフリーで仕事をするひとにもよく出会います。また，組織に所属しても，2, 3年ごとに居場所を変えるフリーターみたいな生き方もあります。日本的な長期的な雇用慣行，少なくとも終身雇用制は変貌をとげつつあります。また，巷には，キャリアのことと言えば，組織を移るたびにステップアップしていくようなタイプのひと，あるいは資格を求めて独立の道を探ったり起業の道を探索するタイプのひとの話が多いです。また，キャリアの研究者（たとえば，米国サフォーク大学のマイケル・アーサー教授とその共同研究者たち）の間でも，シリコンバレーでの生き方・働き方をモデル（手本）とするようなバウンダリーレス・キャリア（組織の間，職務の間等々の境界が消えていく中でのキャリア）という概念が注目されています（この辺の詳しい議論については，金井壽宏『働くひとのためのキャリア・デザイン』PHP新書，2002年を参照してください）。そういうのが気ままで自由で，そして勇ましい生き方のように言われがちです。確かに個人の自律・独立や自

己責任は必要だし，組織に依存しすぎたサラリーマン（ウーマン）生活の脆弱さは，たっぷり目にしてきました。

　しかし，わが国では，変化のなかにはあっても，大きな不都合がない限り，まだまだ大半のひとは，気に入った組織で長く勤めたいというのが正直な気持ちではないでしょうか（もちろん旧来のままでそれができると思ったら甘えで，自分の仕事についてもっともっと自覚を高める必要があります）。また，米国ではできるひとほど，さすらいのガンマンよろしく，あるいはさすらいのカウボーイのようにつぎからつぎへと会社を変わっていくというのも誇張がないわけではありません（シリコン・バレーや映画産業など，それがよくあてはまる地域や産業は確かにありますが）。気に入った組織ならば，そこでうまく適応して（適応過剰になると自分らしさの追求や自己実現にマイナスとなりますが，そこまでいかない範囲でうまく組織になじんで）いくことは，洋の東西を問わず本来幸せなことです。どうしても自分の望むところと合わないのならばその組織をやめればいいのですが，その場合にもほんとうに合わないかどうかを探るために，組織の中での仕事になじむ最低限の期間と努力が必要でしょう。また，合わないと思っている理由が実は，自分の仕事についての間違った理解にあるのかもしれません。それを正確に理解するには，自分を囲む人びととの分析から始めなければなりません。

　組織の内外でわれわれは，多くの人びとに取り囲まれています。組織内では，トップ，上司，同僚，他部門の先輩，部下，組織外では，顧客，原材料部品の納入業者，監督官庁の役人，経済団体・業界団体のひとたち，消費者運動家，地域社会の人びとなど，実に多くのひとたちとのかかわりのなかで生活をしています。うまく仕事になじむということは，このようなネットワーク内の「利害関係者」の期待や要望を読み取ることなしにはできません。しかも，環境が大きく変化する中で，職務における役割や役割に対する周りのひとからの期待も動態的(ダイナミック)に変化しています。この変化の中に利害関係者の期待や要望を読みとらなければなりません。それをうまく助けるためのツールを日本の読者の皆さんに紹介するのがこの本です。

　本書は，Edgar H. Schein, *Career Survival: Strategic Job and Role Planning*. San Diego, CA: Pfeiffer, 1995 の全訳です。著者自身がこの原著の「キャリア・サバイバル」というメイン・タイトルに必ずしも満足でなく，サブタイトルになっている「職務と役割の戦略的プラニング」を書名にしてしまうという案もあったのですが，元のままにしました。キャリア・アンカーとキャリア・サバイバルという２つの声（内なる声と外からの声）が対になっているので，２つの冊子に，この対の言葉をつけるのがよいと思ったからです。紆余曲

折がありましたが，訳書のタイトルは，そのように決めました。

　とくにこの冊子を手にしてほしい人びとは，まずはシャイン自身もviiiページであげているつぎのような方々です。(1)変革期の組織における技術職，専門職，(2)後継者の登用を念頭に，部下のキャリアの相談にものっているラインの管理職，(3)変化にとまどっている従業員や，新たな配属前の従業員，が第1の読者層として想定されています。組織の中でキャリアを歩む人びとなら，スペシャリストとして生きるひとにも，ラインで部下をあずかる管理職にも，一般の従業員にも，組織の側から要望を動態的に分析するうえで有用だと強調されています。しかし，これ以外にも，第2，第3……の読者層が考えられます。これまでの人事のあり方，雇用関係，労働市場が変化しつつある今の日本の状況では，さらに，つぎのような方々にも本書を手にとっていただきたいと思っています。

　まず，人事部のひとたちは，この冊子で扱われている問題をもし自分の問題と自覚できていなかったら紺屋の白袴になってしまいます。ぜひ変革期の人事スタッフの役割を検討し議論するうえで，本書を率先してまず活用してみてほしいものです。これが第2の読者層です。人材マネジメント・システムを，経営トップの要望と結びつけるためにも，人事部が変化のエージェントになるためにも，また，ライン・マネジャーや一般従業員から人事部への要望を傾聴するためにも，この冊子を使いこなしてください。このことを通じて，人事部が社内の人事部以外のひとたち，取引業者，さらには顧客にいったい何をもたらしているのか（デリバラブル＝deliverableとも呼ばれます）という観点から，人事部の役割をユーザー・オリエンテッドに探ることが可能になるからです（本書の8～10ページに，人事部の役割の分析があります）。自分たちが使いこなせるようになると，研修の場でもこれを活用できるようになるでしょう。

　第3に想定される利用者は，フリーター，フリー・エージェントとしてキャリアを歩んでいるひとたちです。シャインは組織の中でキャリアを歩む3とおりの人びとをまず取り上げていますが，わたしは，組織と組織の間を動くバウンダリーレス・キャリアの従事者の診断にもこのツールを試してほしいと希望しています。もしも，今いる（一時的のつもりかもしれませんが）組織での職務と役割を分析して，その結果，自分の課題が明瞭になれば，それほど頻繁に組織間を渡り歩き続けることなしに，その組織でのより長期のキャリアが可能になるかもしれないからです。自由，自律・独立は，ある種の人びとには大切なキャリア・アンカーですが，アンカーがそこにないのについついフリーターを続けているひとには，新しい働き方を探す一助になるようなツールが必要です。

第4の読者層であり，プロとしてこのツールを使いこなしてほしいのは，キャリア・カウンセラーをめざすひとびとです。わが国でもキャリア・カウンセラーの資格めいたものが登場し，厚生労働省が5万人のキャリア・コンサルタントの育成をうたうなかで，不足しているのは，彼らに入手可能な診断ツールです。キャリア・サバイバルとも呼ばれる本書のツールは，それ自体はキャリアに焦点を合わせているわけではありませんが，今ついている仕事の変化についていけなければそもそもサバイバルできませんので，そのような状態にあるクライアントには，有効でしょう。先ほど，人事部のひとたちもこのツールを使いこなすのが望ましいと述べましたが，組織の中の専門スタッフとして人事部にキャリア・カウンセラーを養成している場合には，社内でも配属・登用の場面で，あるいはキャリア・デザインがらみの研修で，プロとしてこのツールを工夫して使いこなして，意味のある用途開発を期待したいです。
　最後に，かなり大胆な意見のように思われるかもしれませんが，会長や社長などのCEOや，カンパニー・プレジデントや事業部長クラスの事業経営責任者にも，しばしば職務と役割の分析が（とくに節目となる変革期には）必要です（実は，シャインも第1の読者層の中に，経営のプロとしての経営トップを含めています）。これらのトップ層には，よりすぐれたガバナンスのあり方を探り，それぞれのトップが役割に応じてよりすぐれたリーダーシップを開発し発揮していく上で，役割ネットワークの中に自分をおいて分析することが肝要かと思われます。
　このように述べると，自分の職務と役割が分析の対象となることは，まるで「まな板の上にのせられる」ように思われるかもしれませんが，シャインが何度も強調しているとおり，このツールによる診断は，だれかをとっちめるためではなく，そのだれかを支援するためです。診断を受けるひとが，変化する世界の中で動態的に自分の役割に適応し，変化の動態の中で生じる不安を除去するのが，このツールの根本的なねらいであることを忘れないでください。実際に22ページに描くことになる役割ネットワークの図があれば，上司や仲間・部下ばかりでなく，社外の顧客，株主，取引先，関係の役所のひとや家族とも，話し合う機会が創り出しやすくなるはずです。
　著者のエドガー・H．シャイン教授は，MIT（マサチューセッツ工科大学）スローン経営大学院の名誉教授で，1928年生まれです。組織論の大御所ですので，彼の名前を知らなかったら，経営学通としては「もぐり」といわれても仕方がありません。最近になっても立て続けに，すでに2冊の著作（プロセス・コンサルテーションと組織文化についての新著）を発表し，現役でますます元気です。シャイン教授は，1946年にシカゴ大学を卒業した後，48年，49年には，

スタンフォード大学で学士と修士（社会心理学）を取得し，52年にハーバード大学より，やはり社会心理学で博士号を取得しました。米国陸軍の研究機関で洗脳の研究をおこなった後，社会心理学のクルト・レビンや経営学のダグラス・マクレガーの後継者として，MITに赴任して以後，組織論研究をリードしてきました。洗脳の研究から経営学の分野に転じて以後，プロセス・コンサルテーション（および組織開発論全般），キャリア・ダイナミクス（なかでも，キャリア・アンカーや本書の職務と役割のプラニングの研究），組織文化（とリーダーシップの関連），組織学習と組織変革など多様な領域で先進的な研究を重ねてきました。T-グループで有名な草創期のNTL（National Training Laboratory）の活動にも参画して，アメリカ心理療法士協会の資格を有します（そのバックグラウンドを生かして，組織研究における臨床的アプローチの提唱者でもあります）。一風変わったところでは，シンガポールの経済発展のための政策委員会に関する研究をおこなったこともあります。これも組織文化，組織開発の研究の一環として位置づけが可能です。

　さて，このような経歴をもつシャイン教授にとって，本書は，コンパクトな冊子ですが本文中に述べられていますように，著者の長年にわたるキャリアの研究（詳しくは，エドガー・H．シャイン著（二村敏子・三善勝代訳）『キャリア・ダイナミクス』白桃書房，1991年を参照してください——この書物は，キャリアのことを深く考えたい個人にも，人事部のスタッフにも必読の座右の書と言えるでしょう）とその実践への応用・多種多様な研修や教育の経験に支えられています。また，それだけに著者にとって愛着の深いものであることが，日本語版（本書）への序文や，訳者とのやりとりからうかがい知ることができます。

　よいキャリアの歩みは，個人の欲求（ニーズ）と組織の要望（ニーズ）を動態的（ダイナミック）にマッチングさせていくことから生まれてきます。われわれひとりひとりの個人が組織の要望に自分を合わせるばかりでは，個性が死んでしまいます（もちろん，そのなかから自分のやりたいことが見つかるということはあります）。他方で，われわれが自分の望むことだけを追求するとしたら，ただのわがままです（もちろん，志の高いわがままもありますが，それに至るには，まわりの要望を見る必要があります）。ニーズは，個人の側にもあり，組織の側にもあり，両者をマッチングさせることが大事なのです。

　ただし，このマッチングはけっして静態的（スタティック）なものではありません。静態的なマッチングでは，働く成人の仕事を通じての発達という動態が把握できません。ある時点での個人の側の特性を診断し，それと適合した環境（組織や仕事の側）の特性とをマッチングさせるようなキャリア支援ツール（たとえば，有名

なものでは，J．ホランドのRIASEC，日本版VPI）があります。しかし，これだとマッチングが静態的で，理論的には1回の選択で適合が図られてしまいます。たとえば，個人の特性も，仕事の特性も，分析中心，数字志向，合理的思考なので，経理の仕事を選ぶというのは，その時点ではいいかもしれません。しかし，人間は仕事を通じて成長し発達しますし，環境は常に新しいチャレンジをもたらします。マッチングはどのように懸命におこなっても，必ずずれを伴うものだと考える方が，現実的であるばかりではなく，よりすぐれた動態的な見方を提供してくれます。今はなんか合わないと思ったら，なぜそう思うのかを，ダイナミックに分析することが可能になります。それを可能にするツールが，本書における職務と役割の戦略的プラニングです。

　動態的な適合を個人と組織の間で図るためには，冒頭でもふれましたように，われわれは，個人のニーズと組織のニーズの両面を見なければなりません。キャリアの問題についてすでに興味をもっているひとなら，キャリア・アンカーという考え方を耳にしたことがあるでしょう。それは個人がなにを望むかを探るためのツールです。ここでは詳しく述べるわけにはいきませんが，仕事を変わろうが組織を移ろうが，自分がそこだといちばんしっくりくると思えるようなキャリアの拠り所をキャリア・アンカーといいます。それは創造であったり，専門を磨くことであったり，ひとに影響力を振るうことだったりします。「（アンカーに近い仕事をしていたときに）波止場についたようにいい感じだった」という面接調査の対象者の声に基づいて，船の錨になぞらえてそのように命名されました。キャリアを歩むということは，長い航海に出るようなものです。遠洋に出てまた波止場や港について停泊します。投錨先として落ち着く，しっくりするところが，そのひとのキャリアの拠り所です。これは，ある意味では，変化・発達のなかの不動点と呼んでもいいものです（発達の研究者のなかには，発達段階を示すわけではないという点から，この概念への誤解がありますが，キャリアのアンカー＝拠り所があるということと，そのひとが生涯にわたって発達を続けるということは矛盾するわけではありません）。キャリア・アンカーを診断することは，動態的なマッチングの一方の極である個人の側に関して，変化のなかでも不動の係留点を示すというわけです。

　しかし，個人として自分が望むものがよくわかっても，これから自分が就こうとしている仕事，あるいは組織のなかで今自分が現についている仕事について，よく知らなかったらマッチングが起こりません。たとえば，経理部門の仕事の担い手に対して，会計の仕組みが変貌していくなかで，社内ではトップも部長も他部門の同僚も，また社外では上場を手伝う証券会社のひとも，たんなる金庫番としてではなく，もっと創造的な仕事を自分に望んでいるかもしれま

せん。先に仮設例で述べたような静態的なマッチングではなく，動態的なマッチングを図るには，一方で個人のキャリア・アンカーを知り，他方で組織の側が個人に対してもつ期待や要望を探っていかなければなりません。そうでなければせっかくキャリアの拠り所を知っても，自分がいる組織のなかできちんと生き延びていくことができません。それを助けるのが米国で「キャリア・サバイバル」とも呼ばれる本書のツールです。これは，職務と役割の戦略的プラニングのエクササイズを皆さんに提供するものです。正確にはキャリアそのものを扱っているというよりも，自分の仕事の変化，そのなかで自分をどのように育てていくのかを探るためのツールなのです。そのことから，先にも述べましたとおり，シャイン教授は，「キャリア・サバイバル」という名前は適切ではなかったと考えているようです。しかし，キャリア・アンカーとキャリア・サバイバルが，ふたつのツールとしてうまく補完的になっていることを示す上で，原著の出版社パイファー社によるネーミングにも一理あると訳者は思っています。

さて，両者はどのように補完的なのでしょうか。キャリア・アンカー・エクササイズは，拠り所を探すだけですので，なんら計画を伴っていません。しかし，自分の不動点を教えてくれます。でも，自分の望むものがわかっても組織が望むものはそこで不問に付されます。それに対して，キャリア・サバイバル・エクササイズ（本書）には，不動点はなにもありません――外の世界は万物流転です（まず内なる世界で自分の拠り所を知ることが大事だというひとは，キャリア・アンカーを先に考察してください）。自分を取り囲む利害関係者も彼らの期待も，自分自身も変化します。変化の方向を読みとり，動態的に適応していくために，本書でオープン・システム・プラニングと呼ばれる計画手順が必要なのです。ましてや静態的なマッチングとは異なり，常に個人のニーズと組織のニーズにはずれがあるとするならば，それを埋めるための将来展望が要ります。自分を見据えるにはアンカーを知ることが必要で，その自分が組織で生き残っていく（サバイバルする）には，職務と役割の戦略的プラニングが必要だというわけです。

さて，キャリア・アンカーについてもっと詳しく知りたいひとは，上述の『キャリア・ダイナミクス』の翻訳書で，第10章，第11章，第12章，および付録1を活用してください（本書とペアになっている『キャリア・アンカー』の冊子もぜひご利用ください）。むしろ，シャインと言えば，キャリア・アンカーの元祖としてより有名なぐらいです。

エド・シャイン教授は，訳者のわたしにとってMITの博士課程留学前から，もっとも影響を受けたき敬愛すべき組織論の先達のひとりであり，わたしの

大切な恩師です。この翻訳作業中にボストン郊外のリゾート地ケープコッドで，いかにもエドならではというすばらしいセミナーに1週間参加してきました。2000年5月には来日し，訳者として疑問に思った点は，電子メイルばかりでなく，このときに直接質問できました（その分，誤訳が少なくなっていると祈りたいです）。このような形で，だれの手にも気楽に取れるワークブックが，日本語で使用できるようになりましたことを，原著者とともに喜びたいです。しかも，仕上げが遅れたことで各方面にごめいわくをおかけしましたが『キャリア・アンカー』の姉妹編と同時に発刊されることになって，喜んでいます。

　邦訳に際しては，正確さを犠牲にしない範囲で，できる限りわかりやすい日本語を心がけました。また，原著の長い文章は，読みやすくするために文章を短く切ったところがたくさんあります。本書は，通常の書物と異なり，読み物部分ももちろん重要なのですが，それ以外に，読者自身にエクササイズの指示に沿って作業していただく部分が多いのが特徴です。そのため，語りかけるような文章がいいと思いまして，スタイル的には，論文調は避けて，「です，ます」の文章に訳しました。訳語のいくつかについては，原語から離れた日本語の方がわかりやすいので，そのようにした箇所があります。たとえば，本書で何度も登場する日常語で，活動や諸活動にあたる activity や activities は，職務と役割のプラニングのために読者の方に実施していただくエクササイズに伴う個人作業やグループ作業のことを指しているケースがほとんどでした。そこでそのような場合には「（諸）活動」と訳すとわかりにくいので「エクササイズ」と意訳しました。また，本文中にも訳注としてふれましたが，ほかに適切な訳語がないため stakeholder をやむなく「利害関係者」と訳しました。この言葉は，自分が組織でおこなっている仕事の内容ややり方になんらかの関心，要望，意見・助言等をもつすべてのひとをさします。「利害」と聞くと，対立や損得勘定を連想してしまいますが，面倒をよく見てくれる上司や自分のことを気遣ってくれる親友，恋人や配偶者なども，当人の仕事のあり方に意見がある限り，利害関係者に含まれます。「利害」という部分がへんに響くようでしたら，ひょっとしたら「関係者」ぐらいの気持ちで読んでもらった方がいいかもしれません。また，developmental plan も曲者(くせもの)で，個人を当事者とするか，組織が実施するものとみなすかで訳語が変わってきます。組織のニーズをうまく読み取って，自分の足らざるところを育てる基盤は，（いくら経営者，上司，人事部が組織として育成・登用プランをもってくれてはいても）組織の側ではなく，個人の側にあるはずです。そこで，本書ではこれを「自己啓発プラン」と訳しました。働く個人の側ではなく育成する組織や人事部の側を念頭におけば「能力開発プラン」にもなりますが，原則として特に不都合がない限り，前

者の訳語に統一しました。

　最後になりましたが，この分野の研究の発展を祈るものとして希望を述べさせてください。本書は実践的なツールですが，仕事とキャリアに興味をもって研究する人びとにも，参考になるところがあると思っています。それぞれの時代のなかでの個人の発達を仕事や他の人びととのかかわりで見ていくのがキャリアの研究です。「よい研究ほど実践的だ」というクルト・レビンの教訓をシャイン教授同様，真に受けて現実と有機的につながった研究を推進するためには，研修の場，社会人教育の場を，創造的な知識創造の場に転換していくことがますます望まれるようになるでしょう。エクササイズからの記述や討論は，そのまま研究のデータとはみなせないかもしれませんが，仕事とキャリアの研究に臨床的なフレーバーをもたらすのに有益でしょう。産業カウンセリング，キャリア・カウンセリングのご専門の方なら，シャイン教授のバックボーンに臨床的な視点が濃厚であることが容易に見て取れるでしょう。

　変革期をくぐりつつあるわが国でも，今後さらにキャリアの問題に対する認識が高まり，わたしたち経営学者ばかりでなく，労働経済学者，ライフ・コースと社会移動の社会学者，生涯発達心理学者やキャリア・カウンセラーなどとの学際的な研究がさらに進展していくこと，その研究成果がキャリアを歩む個人やその舞台である組織の経営者や人事専門家にどんどんフィードバックされていくことを希望して，本訳書を世に送り出したく思っています。もちろん，細心の注意を払っていても間違いが残っているかもしれませんので，お気づきの際には，お教えいただければ幸いです。

　Life is what you make it. (Eric Clapton)

神戸市大月台にて

金 井 壽 宏

■訳者紹介

金井　壽宏〔かない　としひろ〕
1954年生まれ
1978年京都大学教育学部卒業
1980年神戸大学大学院経営学研究科博士前期課程を修了
1989年マサチューセッツ工科大学で経営学博士を取得
1992年神戸大学で博士（経営学）を取得
1994年より神戸大学教授
現在－神戸大学大学院経営学研究科教授

専門は，経営管理論。仕事意欲，キャリア発達，変革のリーダーシップ，創造的なネットワーキング，組織変革，経営幹部の育成，日本型のMBA教育，人事部の役割変化など。働く個人にとっても，組織にとっても創造的な活動を促進するという視点から研究を重ねている。

著書－『変革型ミドルの探求』（白桃書房，1991年），『企業者ネットワーキングの世界』（白桃書房，1994年），『キャリア・アンカー』（訳，白桃書房，2003年），『キャリア・デザイン・ガイド』（白桃書房，2003年），『型破りのコーチング』（共著，PHP新書，2009年），『リフレクティブ・マネジャー』（共著，光文社，2009年），『リーダーは自然体』（共著，光文社，2010年），『「人勢塾」ポジティブ心理学が人と組織を鍛える』（小学館，2010年），『神戸大学ビジネススクールで教えるコーチング・リーダーシップ』（ダイヤモンド社，2010年），『組織エスノグラフィー』（共著，有斐閣，2010年），『リーダーシップ開発ハンドブック』（監訳，白桃書房，2011年），『実践知』（共著，有斐閣，2012年），『モティベーションをまなぶ12の理論』（共著，金剛出版，2012年），『戦略人事のビジョン』（共著，光文社，2012年），『どうやって社員が会社を変えたのか』（共著，日本経済新聞出版社，2013年），『クリエイティブ人事』（共著，光文社，2014年），『働くみんなのモティベーション論』（日本経済新聞出版社，2016年），『ビジネスパーソンのためのアサーション入門』（共著，金剛出版，2016年），『謙虚なコンサルティング－クライアントにとって「本当の支援」とは何か』（監訳，英治出版，2017年），『どうやって社員が会社を変えたのか　企業変革ドキュメンタリー』（共著，日本経済新聞出版社，2017年），など多数。

編著－*Challenges of Human Resource Management in Japan*, Routledge, 2011.

分担執筆－Entrepreneurial Networking Organizations: Cases, Taxonomy, and Paradoxes, in W. Mark Fruin (ed.), *Networks, Markets, and the Pacific Rim*, Oxford University Press, 1998, 53-78.

論文－Entrepreneurial Networks Across Oceans to Promote International Strategic Alliances for Small Businesses, *Journal of Business Venturing*, Vol. 9, No. 6, 1994, 489-507 (co-authored with George Hara); Qualitative and Quantitative Studies of Leadership in Multinational Settings: Meta-analytic and Cross-cultural Reviews, *Journal of World Business*, 47, 2012, 530-538 (coauthored with Kiyoshi Takahashi and Jun Ichikawa).

■キャリア・サバイバル
　　──職務と役割の戦略的プラニング──　　〈検印省略〉

■発行日──2003年6月26日　初版第1刷発行
　　　　　2019年9月6日　初版第10刷発行

■訳　者──金井　壽宏

■発行者──大矢栄一郎

■発行所──株式会社　白桃書房
　〒101-0021　東京都千代田区外神田5-1-15
　☎03-3836-4781　℻03-3836-9370　振替00100-4-20192
　http://www.hakutou.co.jp/

■印刷・製本──藤原印刷

© Toshihiro Kanai 2003
Printed in Japan　ISBN978-4-561-23338-1 C3034
本書の全部または一部を無断で複写複製（コピー）することは著作権法上での例外を除き，禁じられています。
落丁本・乱丁本はおとりかえいたします。

E.H. シャイン著　金井壽宏・高橋潔訳
キャリア・アンカー
　　　──セルフ・アセスメント──
　　　　　　　　　　　　　　　　　　　　　本体762円

E.H. シャイン著　金井壽宏訳
キャリア・アンカー
　　　──自分のほんとうの価値を発見しよう──
　　　　　　　　　　　　　　　　　　　　　本体1600円

E.H. シャイン著　金井壽宏訳
キャリア・サバイバル
　　　──職務と役割の戦略的プランニング──
　　　　　　　　　　　　　　　　　　　　　本体1500円

金井壽宏著
キャリア・デザイン・ガイド
　　　──自分のキャリアをうまく振り返り展望するために──
　　　　　　　　　　　　　　　　　　　　　本体2100円

E.H. シャイン著　尾川丈一監訳　松本美央訳
企業文化【改訂版】
　　　──ダイバーシティと文化の仕組み──
　　　　　　　　　　　　　　　　　　　　　本体3500円

E.H. シャイン著　二村敏子・三善勝代訳
キャリア・ダイナミクス
　　　　　　　　　　　　　　　　　　　　　本体3800円

E.H. シャイン著　稲葉元吉・尾川丈一訳
プロセス・コンサルテーション
　　　──援助関係を築くこと──
　　　　　　　　　　　　　　　　　　　　　本体4000円

E.H. シャイン著　梅津祐良・横山哲夫訳
組織文化とリーダーシップ
　　　　　　　　　　　　　　　　　　　　　本体4000円

金井壽宏著
変革型ミドルの探求
　　　──戦略・革新指向の管理者行動──
　　　　　　　　　　　　　　　　　　　　　本体4800円

金井壽宏著
企業者ネットワーキングの世界
　　　── MITとボストン近辺の企業者コミュニティの探求──
　　　　　　　　　　　　　　　　　　　　　本体7400円

E.H. シャイン，J. ヴァン＝マーネン著　木村琢磨監訳
キャリア・マネジメント：変わり続ける仕事とキャリア（3冊セット）
本体：セルフ・アセスメント　800円／パーティシパント・ワークブック　3000円／
　　　　　　　　　　　ファシリテーター・ガイド　3500円

──────── 白桃書房 ────────
本広告の価格は消費税抜きです。別途消費税が加算されます。